Loi 49.956 du 16.07.1949
ISBN : 2-7459-1843-5

Photogravure Graphocoop 47 Agen

Dépôt légal : 2e trimestre 2006
Imprimé en Espagne

Pour tout savoir
sur ton petit félin

Stéphane Frattini

Copain des Chats

Illustrations
Sophie Toussaint et Bernard Delanghe
pour les illustrations noir et blanc

MILAN
jeunesse

Tigre, lion, léopard, jaguar : les grands fauves occupent une place de choix dans notre imaginaire. Le « petit » chat, lui, n'a pourtant rien à leur envier. Avec nonchalance et discrétion, il a su conquérir une place nettement plus stratégique : le meilleur coussin de la maison, si possible près du radiateur…

Peut-être vis-tu déjà avec un ou plusieurs chats, dont tu aimerais mieux comprendre toutes les facettes du comportement ? Peut-être as-tu très envie d'en adopter un, sans savoir encore lequel choisir ? Ou bien tu aimerais tout savoir sur les chats de l'Égypte ancienne, comparer en images toutes les races du monde, savoir combien de temps vit un chat, suivre la croissance d'un chaton ? Tu trouveras ici toutes les réponses à tes questions, et encore beaucoup d'autres !

Garde toujours à portée de main ce livre qui t'aidera à devenir toi aussi un vrai « copain des chats ».

Car une chose est sûre : lui et toi,
vous êtes... félins pour l'autre !

10 Être un chat

30 Le chat et l'homme

44 Avoir un chat

60 Comprendre ton chat

76 Soigner ton chat

92 La reproduction

108 Bouger avec ton chat

118 Autour du chat

130 Les races de chats

186 Les cousins sauvages

197 Catalogue des chats

ÊTRE
UN CHAT

Observe ton chat qui a repéré une proie : le reste du monde n'existe plus pour lui. Oreilles rabattues sur le crâne, regard fixe, corps tendu comme un ressort, tu as devant toi un vrai petit fauve. Car ce « copain des hommes » est d'abord un animal parfaitement adapté à la vie sauvage. Devenu chat domestique, il nous a concédé un peu de sa liberté, mais serait toujours capable de la reprendre !

Fils des fauves

Les félidés ont existé très longtemps avant l'homme. Leurs ancêtres primitifs apparurent voici 40 millions d'années. Autant dire que Lucy, la petite australopithèque d'il y a 3,2 millions d'années, avait de bonnes raisons de se méfier : face aux grands fauves déjà très évolués, elle et les siens n'étaient encore que des proies faciles.

Le smilodon, ou « tigre aux dents de sabre » transperçait avec ses dents la peau épaisse des grands mammifères lents de la préhistoire.

La folie des grandeurs

Les machairodontinés régnèrent pendant plus de 20 millions d'années. Des milliers d'espèces ont vécu et disparu à tout jamais. On en connaît quelques-unes, comme le fameux smilodon d'Amérique, disparu voici environ 1 million d'années, et le machairodus d'Europe, qui vivait encore il y a encore 30 000 ans. Certains possédaient des canines dentelées comme des couteaux, d'autres les avaient lisses et effilées pour percer la peau épaisse. Pour mordre leurs victimes, leur bouche devait être si grande ouverte qu'ils risquaient de se disloquer la mâchoire, pourtant retenue au crâne par des muscles énormes !

Chat, d'où viens-tu ?

Qui sont les ancêtres de *Felis catus*, notre chat domestique ? Question difficile, d'autant que toutes les espèces actuelles ne sont pas issues du même berceau géographique. Pour simplifier, les scientifiques pensent aujourd'hui que l'espèce *Proto sylvestris*, venue de l'Ouest, aurait donné naissance aux formes *Felis ornata* (chat des steppes), *Felis sylvestris* (chat sauvage d'Europe) et surtout *Felis lybica* (chat sauvage d'Afrique ou chat cafre). Ce dernier, dont il existe une douzaine de sous-espèces recensées en Afrique du Nord, en Turquie, en Inde et dans les îles de la Méditerranée, serait « le » grand ancêtre de tous.

Petite panthère

Comme pour tous les carnivores, l'évolution perfectionna d'abord les qualités de chasseurs des félins. Par son pelage, son gabarit ou son ossature, chaque espèce se spécialisa en fonction du mode de chasse et du type de proies disponibles. Pourtant, du plus petit au plus grand, tous les félidés ont conservé en commun un même modèle anatomique !

Cruel ! Égoïste ! Sournois ! Voleur !

Ceux qui n'aiment pas les chats les accusent parfois de tous les défauts de la Terre et les opposent en général aussitôt au chien, ce « brave-toutou-fidèle-et-loyal ». À tous ceux-là, Jean Cocteau répondait avec malice : « *Je préfère les chats aux chiens, car il n'y a pas de chat policier* » ! (Mais on peut aussi et surtout aimer les deux.)

Quelques cousins

Le chat des steppes, qui vit en Asie, ressemble beaucoup aux chats sauvages d'Europe et de Sibérie. Il est issu lui aussi de l'espèce « Proto sylvestris », et l'étude de son volume crânien le désigne comme un des ancêtres probables de nos chats domestiques.

Le chaus (*Felis chaus*)

Le chat des steppes (*Felis ornata*)

Le chaus, qu'on rencontre de l'Égypte à l'Indochine et au Sri Lanka, est issu d'une autre souche venue de l'Est, et appelée « Proto chaus ». On a pu croire un moment qu'il était aussi un ancêtre du chat domestique, mais cette hypothèse est aujourd'hui abandonnée.

L'évolution ne néglige aucun détail : pour se protéger du sable brûlant, le petit chat du désert (issu lui aussi de la souche « Proto chaus »), possède d'épais coussinets de poils sous les pattes !

Le chat des déserts (*Felis margarita*)

Doux sauvage

Mais comment fait ton chat pour te supporter ? La question n'est pas si absurde : il a fallu pour cela que l'évolution change peu à peu ses ancêtres en animaux domestiques, contrairement à ceux du chat sauvage. À l'un la liberté et ses dangers, à l'autre le confort, la nourriture, le calme.

Nulle confiance

À la différence du chaton de chat domestique, *Felis sylvestris*, lui, le chat sauvage d'Europe, ne s'habituera jamais vraiment à la présence humaine. Même s'il est pris dès la naissance, même s'il naît en captivité. Devenu adulte, il restera un animal craintif et toujours sur le qui-vive. Inutile donc d'essayer d'apprivoiser un chat sauvage !

Drôle de mélange

Le chat domestique et le chat sauvage se ressemblent beaucoup. Mieux encore, ils peuvent se croiser ensemble ! Mais les animaux nés d'un tel mélange seront presque toujours stériles, comme c'est le cas entre tigres et lions. Une preuve de plus pour les scientifiques que s'il est bien le cousin du chat domestique, le chat sauvage n'est sûrement pas son ancêtre.

Le chat haret

Le chat, contrairement au chien, conserve toute sa vie ses instincts sauvages. S'il se retrouve un jour lâché dans la nature, le minou le plus chouchouté saura presque toujours survivre. Il retrouvera ses réflexes de prédateur, devenant ainsi un chat « haret » (appelé aussi « chat féral »), un chat domestique retourné à l'état sauvage. Et très souvent confondu avec le vrai chat sauvage !

Un chat domestique « haret », errant dans la nature.

Pas vu, pas pris !

On rencontre encore le chat sauvage dans la plupart des pays d'Europe, sauf en Scandinavie et en Irlande. En France, il mène une vie discrète dans les forêts d'Alsace et de Lorraine, ainsi que dans certaines régions des Pyrénées. Cet animal forestier gîte un peu n'importe où : cavernes, fourrés, terriers de blaireaux, et passe la majeure partie de la journée à dormir ou à se prélasser au soleil !

Pour être apprivoisé, le chaton domestique doit connaître l'homme avant d'avoir atteint l'âge de 8 semaines.

Comment reconnaître un chat sauvage ?

D'abord, il est plus grand et plus trapu. Les records connus sont de 7,7 kg pour un mâle et 5,5 kg pour une femelle, mais ils ne pèsent en moyenne que 5 et 3,5 kg (soit environ 25 % de plus qu'un chat domestique). C'est en automne que l'animal est le plus gros, car il accumule des réserves de graisse pour l'hiver. Et puis, il y a sa queue : épaisse comme une massue, elle est rayée d'anneaux noirs bien séparés les uns des autres, et se termine par un manchon noir. Quant au pelage du chat sauvage, long et mou, il est de couleur fauve, plus ou moins nettement tigré mais toujours avec une bande noire sur le dos. Un camouflage parfait, pour un animal très timide !

Peu d'ennemis

Le chat sauvage n'est pas un animal nuisible, et ne prolifère jamais. Pourtant, trop de chats domestiques errants peuvent faire des ravages parmi les populations d'oiseaux ! Surtout qu'ils ne connaissent que très peu d'ennemis : seules la belette et l'hermine s'attaquent aux portées de chatons.

La belette, ennemi félin numéro 1 !

Portrait d'un acrobate

Avis aux savants fous : inutile de chercher à lui greffer de super organes bioniques. Le chat possède déjà tout ce qu'il faut ! Ce surdoué peut à volonté s'allonger, se raccourcir, s'étirer, s'aplatir ou se rouler en boule... Chaque mouvement de son corps révèle son extraordinaire souplesse. Le squelette du chat compte davantage d'os que le nôtre (288 contre 206), et il possède comme nous plus de 600 muscles pour se tordre dans presque tous les sens, avec des mouvements fulgurants et précis !

AU SECOURS !

Grimper, pas de problème. Mais il est parfois beaucoup plus compliqué de redescendre. Alors, il ne reste plus qu'à pousser des miaulements déchirants, et à se réjouir du fait que l'homme ait inventé les pompiers (qui ont pourtant d'autres chats à fouetter !).

Chat en chiffres

Lorsqu'il s'étire de tout son long, d'un bout à l'autre des pattes, le chat adulte (mâle) mesure environ 50 cm de long, plus 25 à 30 cm pour la queue. Son poids moyen se situe entre 3,2 et 4 kg, mais le plus gros connu pesait 19,5 kg !

Saisi au vol

Pendant une chute, le chat garde les yeux ouverts. Et dans son oreille interne, de petits canaux sensibles à la pression lui indiquent en permanence la position de son corps. 9 fois sur 10, il réussit à se redresser pour retomber sur ses pattes. Mais la chute ne doit pas être trop courte, ni trop longue : le poids augmentant avec l'accélération, une hauteur de plus de 5 étages peut lui être fatale.

Chasseur-né

Ton chat a repéré une proie. Il s'approche en silence, s'aplatit, se tortille, se ramasse sur lui-même avant de bondir toutes griffes dehors. Aïïïe ! C'était ton orteil qui dépassait du drap ! Surtout, ne le punis pas. Même quand il joue, l'instinct de chasse est la « clé » primordiale de sa nature.

Roi de l'affût

Immobile, tapi dans un fourré ou perché sur une branche, le chat peut patienter pendant des heures. Alors, avec agilité et précision, ce félidé bondit et retombe sur ses pattes postérieures, ses antérieures tendues en avant pour griffer, saisir, et si possible étourdir la victime.

Jeux mortels

Quand il a faim, il tue immédiatement en mordant à la nuque. Quand il veut jouer, au contraire, il se contente de mordiller sa proie, puis fait mine de la relâcher. Mais ce n'est qu'un jeu, si elle tente de s'enfuir, il la rattrape d'un seul bond. On voit parfois le chat lécher les blessures de sa victime. Qu'on ne s'y trompe pas, sa langue râpeuse les fait saigner davantage. Il adore ce goût-là.

En moyenne, un chat réussit à attraper 1 oiseau sur 5 et 1 souris sur 2.

RAPIDE COMME L'ÉCLAIR

Malgré les apparences, les sens du chat demeurent presque toujours en éveil. Les scientifiques ont toujours été fascinés (mais pas les souris !) par le fulgurant influx nerveux qui peut, dans la même seconde, le jeter brusquement hors de lui.

Tout ce qui bouge !

Dans la nature, mammifères et oiseaux de petite taille sont les proies favorites du chat. Insectes et grenouilles ne sont pas non plus à l'abri de ses griffes. Quant aux poissons, ils le fascinent, et il réussit parfois d'un puissant coup de patte à en projeter un hors de l'eau !

Qui se lassera le premier ?

Les armes du chat

30 dents et 18 griffes : voici l'arsenal complet du plus gentil des minous, capable en une fraction de seconde de se transformer en une redoutable machine de guerre.

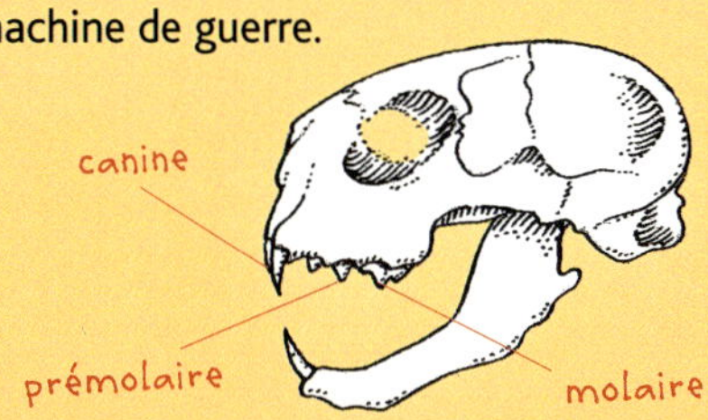

Les grandes dents pointues sont les canines, tournées vers l'intérieur pour mieux retenir la proie. Quant aux prémolaires et molaires, tranchantes et dentelées, elles s'emboîtent comme un engrenage pour déchirer et broyer rapidement la chair.

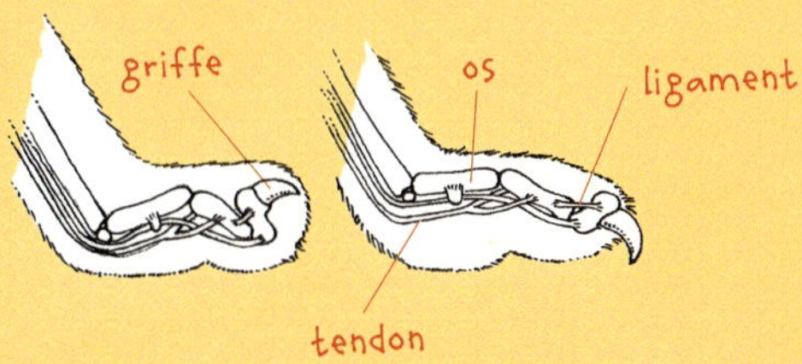

Les griffes du chat sont rétractiles : protégées par leurs coussinets de chair, elles jaillissent sous l'action des tendons et des ligaments. Durant toute la vie du chat, elles poussent sans cesse pour demeurer bien affûtées !

Chat frustré

Clac-clac-clac, quel est ce petit cliquetis étrange ? C'est que derrière la vitre, ton chat a repéré un oiseau. Et le voilà qui commence à claquer des dents comme un automate, en mimant la morsure qu'il aimerait bien infliger à la proie. Il compense ainsi sa frustration.

Curieux de nature, le chat s'intéresse à tout ce qui se passe à l'extérieur.

Que voit le chat ?

Ton chat possède des yeux de lynx ! De jour comme de nuit, sa vue est excellente, habile à repérer le moindre mouvement. Toute sa vie durant, il conservera pratiquement la même acuité visuelle, la première des conditions pour rester bon chasseur.

Taille record

Par rapport au poids de son corps, le chat possède les yeux les plus gros de tous les animaux terrestres : chacun mesure de 4 à 5 cm^3, pour un poids d'environ 10 g. Bon, d'accord, minou : tu as aussi un très joli regard.

2 YEUX EN 1

Le chat possède un superpouvoir ! Ses pupilles sont à géométrie variable, capables de s'ajuster automatiquement à l'intensité de lumière disponible. Et entre les 2 positions extrêmes représentées ici, tous les intermédiaires sont possibles.

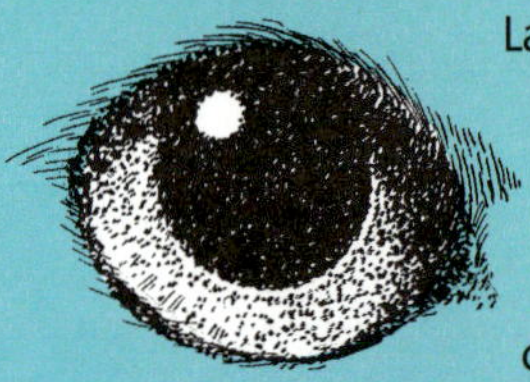

La nuit, sa pupille est dilatée pour capter le maximum de lumière. Si tu vois briller ses yeux quand ils croisent le reflet d'une lampe, c'est à cause du *tapetum* (mot latin signifiant « tapis »), une fine couche de particules réfléchissantes renvoyant la lumière sur la rétine en l'amplifiant de 40 à 50 fois.

Le chat est capable de détecter des intensités 6 fois plus faibles que le minimum capté par l'œil humain. Mais, dans le noir absolu, il ne voit rien du tout !

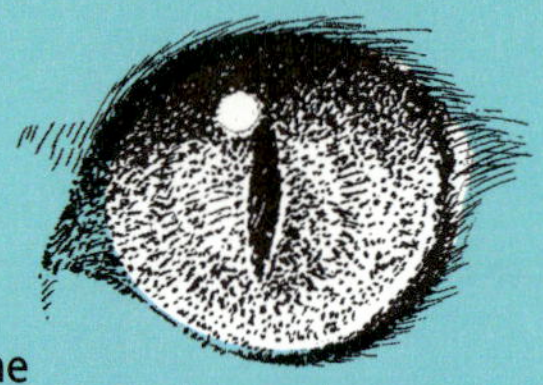

Le jour, sa pupille est rétractée, fine comme un rayon de soleil pour se protéger de la lumière trop intense. Ce n'est plus qu'une fente verticale à peine visible.

La pupille rétractée permet au chat de supporter sans dommage 5 fois plus de lumière que nous.

Une vue parfaite

Placés en avant de la tête, presque parallèles, ses yeux fournissent au chat une vision dite « télescope », capable de faire rapidement le point sur les images qui s'approchent ou s'éloignent. Il est plus sensible au mouvement qu'à la précision des formes ! Des expériences ont prouvé qu'il distingue aussi quelques couleurs, comme le rouge ou le bleu. Mais le chat serait plutôt daltonien, et verrait surtout le monde comme un dégradé de couleurs grises, aux contours un peu flous.

À la fin de la 1re semaine, les yeux commencent à s'ouvrir.

Zyeux-bleus

À la naissance, tous les chatons ont les yeux bleus. Ce n'est que vers l'âge de 3 mois que se fixeront les couleurs définitives : bleu, orange, ambre ou émeraude.

Vision panoramique

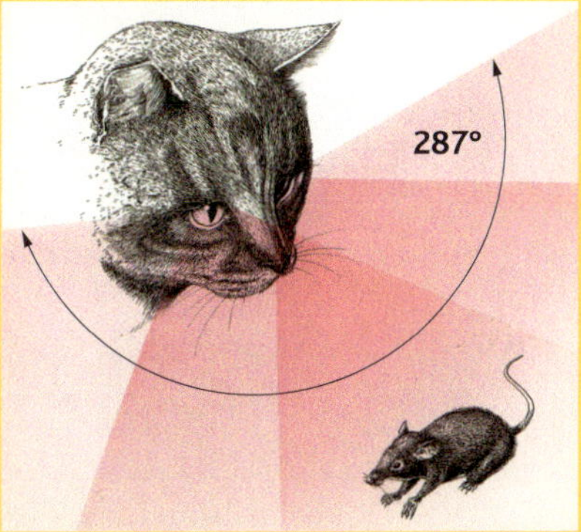

Sa vision binoculaire (où il perçoit le relief), couvre un champ de 130°, contre en moyenne 83° chez le chien. Mais le chat est aussi capable de surveiller (sans le relief) tout ce qui se passe sur les côtés ! Son champ de vision total couvre 287°, à comparer avec nos propres 200°. Sa tête, très mobile, bouge à toute allure et lui permet de conserver en permanence un regard bien droit.

Un regard saphir et émeraude !

Surprise !

Les yeux vairons (de 2 couleurs différentes) sont assez fréquents chez les chats. Cela ne leur pose aucun problème de vue. Mais, curieusement, chez certaines races de chats blancs, l'oreille qui se trouve du côté de l'œil bleu est parfois atteinte de surdité !

Qu'entend le chat ?

Un bruit a retenti dans la rue ? Les oreilles de ton chat pivotent aussitôt, se tendent comme de petites antennes. Elles sont si souples et précises qu'on croirait les voir « saisir » les sons. D'ailleurs, pour de nombreuses personnes sourdes, un regard sur les oreilles de leur petit compagnon vaut tous les appareils du monde.

Un son entre tous

Quand il chasse, sa précision est terrible ! Il entend à plusieurs mètres le bruissement d'une souris, il est capable de l'isoler parmi les autres bruits et de la repérer à quelques centimètres près. Et c'est pareil à la maison : une boîte de croquettes qui remue le fait accourir, tandis qu'il entend bien avant tout le monde ton frère qui monte l'escalier, l'ascenseur qui amène un visiteur. Inutile dans ces moments-là d'essayer de l'appeler. Attiré par un bruit intéressant, le chat reste complètement sourd à tout le reste : comme le chien, il obéit d'abord à son instinct, et satisfait ses priorités de guetteur.

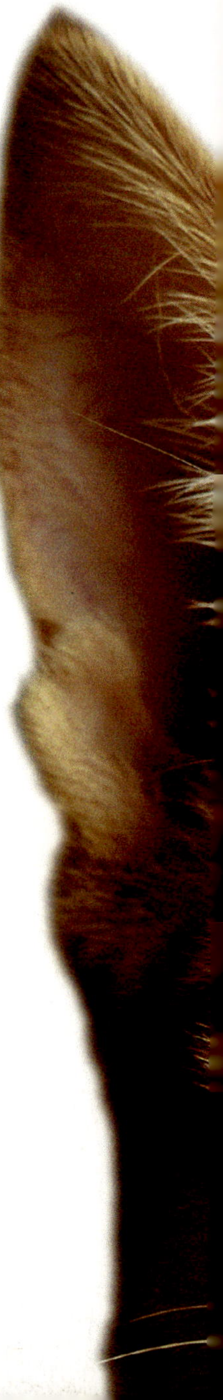

Quoi, ma gueule ?

Le scottish fold naît avec les oreilles repliées. Lorsqu'il rencontre un autre chat, ce dernier peut croire qu'il est prêt à l'attaquer, et se préparer au combat. Ça n'est pas si facile d'être différent !

PARLEZ-VOUS « OREILLES » ?

Droites, inertes, elles sont au repos, mais prêtes à bouger au moindre bruit suspect, 10 fois plus vite que celles d'un chien.

Plaquées en arrière, au point de tirer toute la peau du visage, elles indiquent que l'animal a peur. Méfie-toi, ses réactions sont imprévisibles.

Repliées sur elles-mêmes, elles se protègent contre les coups de griffes de l'adversaire. Car l'attitude est claire : le chat se prépare au combat.

Indépendantes, les 2 oreilles peuvent aussi écouter 2 choses à la fois. Et il existe encore bien des nuances de leur très subtil langage : à toi de les observer attentivement.

Superparaboles

Très grandes par rapport à la tête, les oreilles peuvent compter sur une bonne douzaine de muscles chacune pour les orienter dans toutes les directions possibles. Et elles captent toutes les stations : Télé-câlin, Canal-souris, Inter-frigo, Europe-croquettes...

L'oreille humaine perçoit 20 000 vibrations par seconde, celle du chat jusqu'à 30 000, ce qui lui permet d'entendre les ultrasons.

Touche-à-tout

Le monde est plein de mouvements et de vibrations. Il est rempli de choses étranges, dures ou molles, chaudes ou froides, lisses ou rugueuses. Le monde, en vérité, ne demande qu'à être touché, palpé, effleuré, caressé. Ça tombe bien : le chat est parfaitement équipé pour cela !

Du bout des pattes

À l'inverse du chien qui se précipite pour flairer tout ce qui passe à sa portée, le chat est plus méfiant. Face à une chose inconnue, il préfère d'abord la palper, la caresser, la griffer, récoltant ainsi une première moisson d'informations. Ensuite, seulement, si tout se passe bien, ce grand aventurier se risquera à flairer l'objet de sa curiosité, puis carrément à y coller son nez, pour le toucher d'encore plus près.

Si la patte du chat est aussi habile, c'est qu'elle est très sensible au toucher.

Poils sensibles

Du haut des oreilles jusqu'au bout de la queue, chaque poil du chat est sensible. Effleures-en une touffe par surprise : l'animal sursautera en se tournant aussitôt vers la zone concernée. À condition qu'il ne t'ait pas d'abord « senti » arriver, en captant sur son pelage le mouvement d'air déplacé par ton corps !

Ne coupe jamais les moustaches d'un chat ! Tu le rendrais infirme pour un bon moment, incapable par exemple de bien percevoir les objets proches.

De vraies antennes

Les « stars » du toucher chez le chat sont ses sourcils et ses fameuses moustaches, appelées « vibrisses ». Ce sont des poils modifiés, plus longs et plus épais que les autres. Implantés dans la peau au-dessus des yeux et des lèvres, ils dépassent de chaque côté de sa tête, réagissant au moindre contact ou pression. Quand le chat avance dans la nuit, ses vibrisses protègent aussi ses yeux, en les faisant automatiquement se fermer dès qu'elles touchent un obstacle.

À la base de chaque poil, un muscle « horripilateur » permet au chat de gonfler et de hérisser son pelage pour intimider l'ennemi.

Dense fourrure

Si tu vis avec un chat, cherche bien : tu as sûrement quelques poils de lui sur tes habits. Son corps en possède jusqu'à 200 par centimètre carré ! Sa robe comprend en réalité 2 sortes de poils : le sous-poil, souple et très doux, et une couche externe de poils plus rêches appelés les « jarres ». Maintenu bien propre, le pelage assure une bonne protection contre le froid ou la chaleur, et forme avec la peau (épaisse de 1 à 3 mm) une barrière très efficace contre le monde extérieur.

Des sens en plus

10 fois plus développé que le nôtre, l'odorat du chat lui donne accès à un vaste « langage » chimique dispersé par le vent. Pour cela, il possède une botte secrète : l'organe de Jacobson, un petit conduit de 2 cm de long, reliant le nez à la voûte du palais, et tapissé de 200 millions de cellules sensorielles !

Toujours gourmet

Les publicités ne mentent pas : le chat est une vraie fine gueule. Ses papilles sont capables de distinguer 4 saveurs, et il refusera obstinément de manger un aliment qui lui déplaît (surtout si l'on a justement acheté 20 boîtes en promotion !). En général, il préfère le salé et l'aigre plutôt que le doux et l'amer. Mais l'occasion fait aussi le larron : on a déjà vu des chats se régaler d'un peu n'importe quoi.

Aucune odeur n'échappe au chat, et toutes restent gravées dans sa mémoire.

COMBIEN DE SENS ?

Certains ne dénombrent pas moins de 9 sens chez le chat ! En plus des 5 habituels (vue, goût, odorat, ouïe, toucher), ils incluent aussi le sens de l'équilibre, celui de la température, mais aussi le sens de l'orientation et de la pression atmosphérique ! Tout cela n'a rien de farfelu, car le chat est capable de nombre d'exploits encore mal expliqués. Par exemple, comment fonctionne ce « 6e sens » qui lui permet de pressentir un tremblement de terre ? Ou encore celui qui lui fait retrouver le chemin de la maison, perdu à des centaines de kilomètres ?

Parfois « drogué » !

Le chat déteste l'odeur de l'alcool. En revanche, d'autres parfums le rendent fou. L'exemple le plus connu est celui de la cataire ou « herbe à chat » : en respirant l'odeur forte de cette plante, le chat reste immobile, le regard dans le vide, sous l'emprise d'une véritable drogue. Imitée chimiquement, cette odeur est souvent répandue sur les griffoirs ou les jouets pour chats du commerce : effet garanti à 100 % !

Les « messages d'odeurs » s'effacent vite : le chat doit les renouveler tous les 2 ou 3 jours.

Carte d'identité féline

En urinant aux endroits stratégiques, en se frottant contre les troncs ou les rochers, le chat dissémine une « signature » clairement identifiable par les autres chats, qui pourront ainsi apprendre une foule d'informations sur son compte : sexe, âge, état de santé, période de reproduction.

Chaleur = bonheur

Tu l'as déjà remarqué : le chat fonce toujours droit vers une source de chaleur. Il est même capable de repérer une différence de quelques degrés à plusieurs mètres de distance !

Quel temps fera-t-il demain ?

Drôle d'odeur !

Les glandes anales émettent une forte odeur personnelle. Tout chat bien élevé ira d'abord renifler là pour savoir à qui il a affaire. Chez des chats privés d'odorat par un virus, des scientifiques ont observé qu'ils avaient même du mal à distinguer un mâle d'une femelle !

Météo-matou

Non, il ne pleut pas chaque fois que le chat se passe la patte derrière l'oreille ! Ce qui est vrai, c'est qu'il possède une grande sensibilité barométrique. Avant une averse, même sans que rien ne la laisse prévoir, il devient agité et cherche instinctivement un abri.

Chacun chez soi

***« Je suis le chat qui s'en va tout seul et tous les lieux se valent pour moi »*, écrivait Rudyard Kipling. Un bel hommage à ce grand solitaire qui se révèle pourtant aussi un animal très casanier, régnant jalousement sur son précieux territoire !**

Chacun son terrain

Un chat à la campagne peut « s'approprier » jusqu'à 70 ha de terrain, dont il délimite très régulièrement les frontières avec des jets d'urine. Le chat des villes, lui, dispose de 1/20 d'ha à peine ! Il utilise d'ailleurs souvent comme limites les murs et les palissades. Dans tous les cas, le territoire du mâle sera plus étendu que celui de la femelle, mais il sera obligé d'en partager certains secteurs.

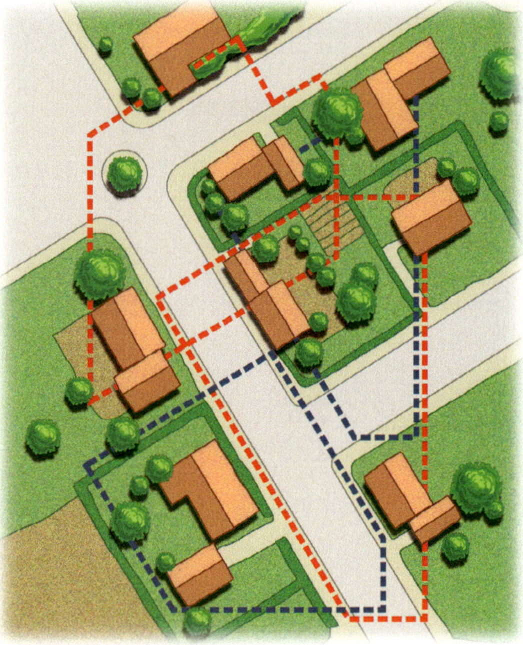

Les territoires des mâles sont en rouge, ceux des femelles en bleu.

Diplomatie féline

Sur ce schéma, amuse-toi à deviner les rencontres des mâles et des femelles. Entre chats qui se connaissent, un compromis s'établit vite pour éviter les disputes à chaque passage de frontière.

Les 3 cercles

Dans la nature, le chat divise son territoire en 3 zones distinctes, aux conditions d'accès bien précises.

L'appel de l'aventure

Entier ou castré, de pure race ou bâtard, aucun matou ne peut renoncer à sa passion pour le vagabondage. De temps en temps, il s'en ira, disparaîtra quelques jours ou quelques semaines pour quelque affaire de chasse, d'aventure ou de sexe. Mais son attachement à son maître (et à sa gamelle !) le ramèneront bientôt, le corps maigre, le poil crasseux et l'œil pétillant.

Pour le chat, posséder un territoire, c'est être propriétaire des proies qui vivent dessus. De plus, il y vit en sécurité et reste en contact avec les chats des territoires alentour.

La journée du chat

Accablant !
Voici le genre de rapport détaillé que pourrait établir un détective qui prendrait en filature pendant 24 heures un chat « errant ».

0 h-5 h : Sommeil profond
5 h-6 h : Sommeil léger
6 h-6 h 30 : Lever, toilette rapide
6 h 30-7 h : Repas (dans une poubelle)
8 h-9 h 30 : Inspection du territoire
9 h 30-10 h : Courte sieste au soleil
10 h-11 h : Toilette complète
11 h-14 h : Longue sieste à l'ombre
14 h-15 h : Inspection du territoire
15 h-15 h 30 : Repas (volé sur une fenêtre)
15 h 30-17 h : Sieste au soleil
17 h-18 h : Chasse et capture d'une souris
18 h-18 h 30 : Repas, courte sieste
18 h 30-20 h : Inspection du territoire
20 h : Brève querelle avec un voisin
20 h-21 h : Toilette complète
21 h-23 h : Sommeil léger
23 h-0 h : Sommeil profond

LE CHAT
ET L'HOMME

Notre rencontre ne date pas d'hier : le chat est signalé dès les premières civilisations de l'Indus, 4 500 ans avant notre ère.

17 000 ans plus tard, il sera complètement domestiqué en Égypte, et commencera à imprimer sa griffe dans la culture humaine. Une réussite totale, puisque le chat est aujourd'hui (et de très loin) le félidé le plus répandu au monde.

Minette, reine d'Égypte

Il y a près de 5 000 ans, le chat fut adopté par les Égyptiens, avant de devenir au fil des dynasties vénéré comme un dieu. Mais sa domestication remonterait encore à plus loin…

Pendant 12 siècles, la déesse Bastet marqua le point culminant de l'adoration du chat en Égypte. Quiconque tuait un chat risquait la mort !

Une vieille histoire

La plus ancienne image de chat connue, peinte sur les parois d'un tombeau égyptien, remonte à 2 600 ans avant notre ère. Preuve certaine de sa domestication : il porte un collier autour du cou.

Petite lionne

En Égypte, le chat eut vite sa place réservée dans les familles. Appelé « Mau» ou « Myeo » (devine pourquoi !), ce petit gardien du foyer était nourri et choyé, et devint bientôt l'objet de nombreux cultes. Les Égyptiens étaient fascinés par sa ressemblance avec la déesse-lionne Sekhmet, l'un des plus puissants totems de la vallée du Nil.

Félix l'Égyptien

Seul le chat pouvait protéger les récoltes contre les invasions de rongeurs. Mais sa beauté en fit aussi un sujet favori des artistes égyptiens pendant des siècles !

De l'âge d'or à la décadence

En 525 av. J.-C., lorsque les Perses assiégèrent Péluse (grande cité à la frontière égyptienne), ils eurent l'idée d'attacher un chat vivant sur le bouclier de chacun de leurs 600 soldats. Horrifiés, les Égyptiens préférèrent se rendre, plutôt que de risquer de blesser un seul chat !

Momie naturelle de chat trouvée dans un mur creux.

MOMIE ET SACRILÈGES

En Égypte, la mort du chat était un événement tragique. En signe de deuil, toute la famille se rasait les sourcils. Le corps de l'animal était frotté d'huiles précieuses, avant d'être embaumé et enfermé dans un coffret de bois ou de roseaux tressés. On plaçait même près de lui des souris momifiées, pour le nourrir pendant son voyage !
En 1890, dans la nécropole de Tell Basta (l'ancienne Bubastis), les Anglais exhumèrent plus de 300 000 momies aux masques peints. Ils les ramenèrent en Angleterre, avant de les broyer pour en faire de… l'engrais.

Sarcophages de chats de l'ancienne Égypte.

Copie conforme

Le mau égyptien est une race créée aux États-Unis dans les années 1950 ! À partir de siamois, les éleveurs se sont attachés à reproduire le plus fidèlement possible les chats des fresques de l'Égypte ancienne.

Sur ce mau actuel, remarque le pelage tacheté, et surtout le signe en forme de M (ou de scarabée) sur le front.

De toutes les cultures

L'Égypte fut son berceau, le monde devint bientôt son terrain de chasse. Le chat fut de toutes les aventures humaines, de tous les commerces, de toutes les invasions. Difficile souvent d'établir une chronologie précise, mais voici un (très) rapide tour d'horizon des conquêtes félines.

Pour les Celtes irlandais, l'œil du chat était la porte vers l'autre monde.

En Grèce

Le chat domestique figure déjà sur une mosaïque du palais de Cnossos, datant du XVIe siècle av. J.-C. Mais les Grecs le considéraient surtout comme un animal utilitaire, et l'appelaient « Galê », tout comme les belettes, les fouines, et d'autres petits carnassiers chasseurs de souris.

En Amérique

On trouve des divinités à tête de chat sur les œuvres de plusieurs civilisations anciennes, comme celle des Incas. Mais on pense qu'il s'agissait plutôt de chats sauvages, très nombreux à l'époque. Autant dire que les missionnaires qui arrivèrent, des siècles plus tard, avec leurs chats domestiques furent sûrement pris pour des fous !

Tête de chat en terre cuite provenant de la ville de Nazca, au Pérou.

En Arabie

Plusieurs siècles avant notre ère, le peuple adorait déjà un chat en or. Et à partir du VIIe siècle, le chat demeura un grand ami de l'Islam. Le prophète Mahomet lui-même possédait une chatte nommée Muezza. Un jour qu'elle s'était endormie sur ses genoux, raconte la légende, il préféra couper sa djellaba plutôt que de la réveiller !

Quand le chat est en faïence, les souris dansent.

En Europe

Les Gaulois et les Romains ne s'intéressaient guère au chat domestique en tant qu'animal de compagnie. Mais pour ses talents de chasseur, ils en achetèrent quelques couples aux Grecs. L'animal se répandit ainsi dans toute l'Europe, au hasard des voyages. En Écosse, par exemple, une souche s'est développée à partir d'animaux apportés d'Égypte, via le Portugal, par un général grec !

Pour les bouddhistes japonais, les chats ont une âme (Estampe du XIXe siècle).

Au Japon

Le chat y apparut vers le VIe siècle de notre ère. En l'an 999 sur ordre de l'empereur, son élevage fut officialisé. Les chats furent adorés, bichonnés, nourris et devinrent très paresseux ! Pourtant, 6 siècles plus tard, le gouvernement décida de les relâcher dans la nature, sans les nourrir, pour qu'ils retrouvent leurs instincts sauvages, et chassent les souris menaçant les vers à soie.

Porcelaine chinoise de la fin du XIXe siècle.

En Chine

Le chat arriva par le sud, probablement échangé par les Phéniciens contre des étoffes de soie. Ici aussi, sa beauté et ses talents en firent un grand ami des familles, auxquelles il garantissait fortune et sérénité. Et on le dorlotait d'autant plus qu'une fois le chat mort, son âme était censée intercéder auprès de Bouddha en faveur de ses maîtres encore vivants !

En Inde

Première étape de sa conquête vers l'Asie, on pense que le chat domestique arriva au moins 10 siècles avant notre ère. Comme en Égypte, ce tueur de souris eut bientôt sa place dans chaque foyer hindouiste, tandis qu'on le vénérait dans les temples comme l'incarnation de Sasti, déesse de la maternité.

La terreur féline

Dès l'origine, l'Église catholique se méfiait plutôt de ce petit animal adoré par les « païens » de tous poils. Au Moyen Âge, le mépris se transforme en haine : considéré comme l'émissaire du diable, le chat est pourchassé, torturé, brûlé. Au secours, les hommes sont devenus fous !

La folie et la mort

Accusés de jeter des mauvais sorts, d'espionner les hommes, les chats noirs (puis bientôt tous les autres) sont « jugés » dans des simulacres de procès, et condamnés à mort. On les crucifie, on les écorche vifs. En 1344 à Metz, pour conjurer une épidémie de danse de Saint-Guy, on décide de brûler chaque année 13 chats enfermés dans une cage de fer.

Au Moyen Âge, on murmure qu'il vit 9 vies, servant successivement 8 maîtres avant d'emporter le dernier avec lui en enfer.

« Si tu veux voir ce que personne d'autre ne peut voir, mélange une fiente de chat noir avec de la graisse d'oie et quelques gouttes de vin, puis frotte-toi les yeux avec cette mixture. »
(Recette du Moyen Âge)

Triste vengeance

À travers l'Europe, les superstitions rôdent : on aurait vu un cortège de chats porter un cercueil, une vieille femme se transformer en chatte, ou un chat s'enfuir à la vue d'un crucifix. Partout, les chats sont massacrés, et leur population décroît. La « vengeance », hélas, arrivera par les cales des navires : des rats noirs venus d'Orient, grouillants de puces infectées par la peste.
Vers l'an 1400, une énorme épidémie se répand à travers l'Europe, et foudroie les 2/3 de la population humaine !
S'il y avait eu plus de chats, on peut penser que de nombreuses vies auraient été épargnées.

Royal supplice

À Paris, à la Saint-Jean, on brûlait des chats sur la place de Grève (l'actuelle place de l'Hôtel-de-Ville). Dès 1471, le roi Louis XI venait lui-même enflammer les fagots, et on en vit bien d'autres, comme le « bon » roi Henri IV, venir apprécier le spectacle. Le « plus amusant » était d'enfermer les chats dans un sac au-dessus des flammes : on pouvait le monter ou le descendre à loisir, et entendre les chats hurler. Louis XIV interdira les bûchers de chats en 1648, mais seule la Révolution les fera complètement disparaître.

Au XIXe siècle encore, certains mangeaient volontiers le chat en civet.

« *Préparatifs pour l'envol vers le Sabbat* », gravure de 1612.

La fête du chat

À Ypres, en Belgique, pour prouver que la population avait abandonné ses rites païens, l'Église au Moyen Âge faisait lancer des chats du haut de la plus haute tour, et la foule devait les achever à coups de bâton. Aujourd'hui encore, chaque deuxième dimanche de mai, la ville est envahie par une grande fête entièrement dédiée au chat, avec un grand défilé de chars. Et pour couronner la journée, on lance du haut de la tour quelques chats… en peluche !

Ami des sorcières

Sur la plupart des dessins figurant des sorcières, on aperçoit souvent le chat, complice des pires débauches. Il faut se rappeler que dans les anciens cultes, la femme était souvent associée à la chatte, douce mais indépendante. Un passé méprisé et redouté par l'Église catholique, qui, elle, était dominée par les hommes.

« *Assemblée de chat* »,
gravure satyrique
de 1912.

Revoilà le chat !

Les Lumières du XVIIIe siècle illumineront aussi le chat. Réhabilité, vendu sur les marchés, il règne dans la cour des fermes pour ses talents de chasseur. Plus surprenant, c'est grâce à son hygiène qu'il pénétrera dans tous les foyers au XIXe siècle.

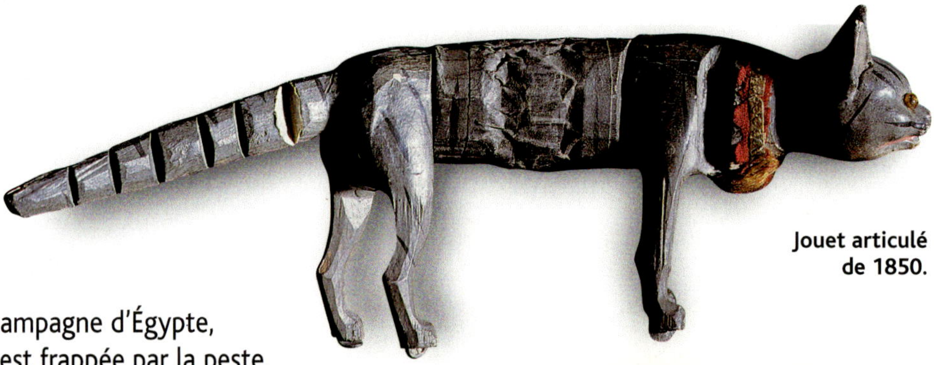

Jouet articulé
de 1850.

Toujours les rats

En 1799, pendant la campagne d'Égypte, l'armée de Napoléon est frappée par la peste. Les savants de l'Empereur ont beau chercher d'autres solutions, rien ne vaut un chat pour détruire chaque année ses 1 000 à 12 000 rats. En toute hâte, on organise alors son élevage. 50 ans plus tard, Louis Pasteur découvre l'existence des microbes, et les animaux sont suspectés d'en être couverts sauf le chat, bien connu pour son hygiène parfaite. Les hôpitaux, les casernes, les bibliothèques, menacés par les rats se voient même attribuer des budgets spéciaux pour entretenir des chats !

Sur chaque navire

Au XVIIe siècle, Colbert ordonne que « *chaque navire embarque à bord au moins 2 chats souriciers* ». Sur de nombreuses îles, ces chats sont descendus à terre, puis se sont multipliés en chassant les proies locales. Cela a entraîné parfois l'extinction d'espèces d'oiseaux ou de petits mammifères !

Ennemis publics

Vers 1750, apparaît en Europe le surmulot (ou rat gris), plus gros, plus puissant et encore plus féroce que le rat noir. Aujourd'hui encore, dans nos métropoles, on compte ses descendants par millions.

Rat noir.

Surmulot.

Histoires de chats

Au Moyen Âge, le chat apparaît surtout dans les récits de sorcellerie, parfois aussi comme symbole du désir sexuel. Et si Jean de La Fontaine (1621-1695) le dépeint encore comme un gros paresseux hypocrite et cruel, d'autres joueront bientôt sur sa vivacité et sa malice, imaginant des personnages encore célèbres aujourd'hui !

« *Le chat botté* » illustré par Gustave Doré.

Le chat souriant

Imaginé par Lewis Carroll (1832-1898), et illustré par Tenniel, voici le chat du Cheshire rencontré par Alice au pays des merveilles. Il a la curieuse habitude de disparaître aux 3/4, jusqu'à ne plus laisser apparaître qu'un étrange sourire flottant dans les airs. Ici, tout est possible : nous sommes de l'autre côté du miroir !

Le chat botté

En France, Charles Perrault (1628-1703) invente ce personnage rusé, menteur, et terriblement sympathique. Face à l'ogre qui se vante de pouvoir prendre la forme d'animaux, le chat botté feint de ne pas le croire, puis attend qu'il se soit réellement changé en souris pour le croquer tout cru !

Quand les poètes s'en mêlent...

« *Viens, mon beau chat, sur mon cœur amoureux ;*
Retiens les griffes de ta patte,
Et laisse-moi plonger dans tes beaux yeux,
Mêlés de métal et d'agate... »
Charles Baudelaire (1821-1867)
Les Fleurs du mal.

La bande à Félix

Zzzzzip ! Miaôôôôôôô ! Scrtch ! Boom ! Un chat poursuivant une petite proie, voilà un scénario inusable de dessin animé. Mais tous ces personnages que tu croises aussi dans les bandes dessinées ne sont encore qu'une petite partie de l'immense famille des chats « imaginaires » du xxe siècle.

« *J'aime les chats,* écrivait Jean Cocteau (1889-1963), *parce que j'aime ma maison et qu'ils en deviennent l'âme visible.* »

« *À fréquenter le chat, on ne risque que de s'enrichir* », écrivait Colette (1873-1954).

Le chat de compagnie

Pas de doute : au xxe siècle, le chat a définitivement gagné. Il fait partie de toutes les familles, et chacun lui prête des traits de son propre caractère ! Compagnon favori des artistes, il inspire les peintres, les sculpteurs, les danseurs, les comédiens, les poètes. De plus, sur les rayons des bibliothèques, s'accumulent à son sujet des centaines de livres, comme celui que tu tiens aujourd'hui entre les mains !

Petit diable

Le peintre Steinlen (1859-1923) mais aussi Toulouse-Lautrec ou Mucha représentent des chats élégants et fins, avec dans le regard un soupçon de malice, de vieille « diablerie » pas tout à fait domestiquée.

Affiche de Théophile-Alexandre Steinlen.

Chats de plume

Montaigne confiait déjà ses manuscrits aux chats pour les protéger des rats. Plus près de nous, Pierre Loti, Paul Léautaud, Jean Cocteau et beaucoup d'autres ont laissé de belles pages sur le chat. Et puis, bien sûr, la grande Colette ! Écoute son personnage Kiki-la-doucette, répondant à Toby-chien qui l'accuse d'avoir mauvais caractère : « *Non pas. Un caractère seulement. Un caractère de chat.* »

« Chat, c'est moi ! »

Se maquiller en félin, c'est perpétuer une très ancienne tradition commune à bien des cultures. En Occident, le costume de chat permettait au carnaval de se conduire avec malice… En Afrique, les hommes-léopards cherchaient à s'approprier la force du fauve…

Le vrai, l'unique

Créé par Otto Messmer, Félix le chat fut dès 1927 l'une des premières vedettes du dessin animé parlant.

Dans les années 20, les enfants préféraient Félix à son obscure rivale : la souris Mickey.

Le Couronnement de la bienheureuse Féline, par Léonor Fini.

Le chat-mystère

Dans les tableaux de Léonor Fini, le chat règne au centre de décors mystérieux, comme un témoin ou un gardien d'un autre monde, auquel nul homme ne saurait accéder.

Portraits de stars

Mille mercis à ces grandes vedettes de la BD et du dessin animé qui sont venues poser pour nous : Sylvestre, Tom, Billy the Cat et le chat de Gaston Lagaffe. Les reconnais-tu tous ?

J'ai cru voir un canari !

Un jour, j'attraperai cette satanée souris !

Je fais autant de bêtises que mon maître.

Je n'ai pas toujours été un chat.

400 millions de chats

Il y a en France, désormais, plus de chats (8,5 millions) que de chiens (8 millions). Et le chiffre continue chaque année à grimper ! Une aubaine aussi pour de nombreuses industries aux activités florissantes…

Une image connue en son temps dans le monde entier.

« Souvent imité, jamais égalé », comme on disait vers 1900.

Ils sont partout !

Aujourd'hui en Europe, 1 foyer sur 4 (contre 1 sur 3 pour les chiens) et presque 9 agriculteurs sur 10 possèdent au moins 1 chat. Il est vrai que, dans les fermes, le matou reste d'abord le roi des chasseurs de souris. Mais en ville, aussi, on recense un grand nombre de petits félins peu gourmands en espace vital. Et pour de nombreux enfants, le chat constitue leur seul lien quotidien avec le monde animal.

Drôle de cousin pour la « Vache qui rit ».

Le chat rend-il fou ?

« Oh le joli chachat ! Minouminouminou ! Rrron-Rrron ? » Nous connaissons tous des gens qui parlent à leur chat comme à un bébé ! D'ailleurs, peut-être que toi aussi, en douce, tu succombes parfois à la tentation. Rassure-toi, il n'y a rien de grave et cela te détend.

Roi de la réclame

La silhouette du chat figurait déjà sur de nombreuses enseignes du Moyen Âge. Plus tard, au temps des affichistes, elle fut associée à de très nombreux produits familiers. Aujourd'hui encore, la « pub » fait du chat un de ses animaux favoris, l'utilisant pour symboliser le mystère, le raffinement, la douceur ou le confort…

Tu veux ma photo !

Ah, les photos de chatons ! Un grand classique du calendrier de La Poste, des cartes postales mais aussi de mille autres gadgets et bibelots ! Et quel grand magasin digne de ce nom ne propose pas un vaste rayon de jouets pour animaux, parfois utiles et souvent très chers !

Avec ou sans puce, les cartes téléphoniques aussi se sont mises à la mode du chat.

MON CHAT EST RICHE

C'est bien connu : quand on aime, on ne compte pas. Le chat et les autres animaux domestiques font vivre des milliers d'entreprises : alimentation, soins, élevage, objets… En 20 ans, les dépenses pour les animaux domestiques ont été multipliées par 15 ! En France, un chat « coûte» au minimum de 300 à 500 € par an pour son entretien. En comparaison, il est bien de savoir que le salaire annuel d'un ouvrier en Inde s'élève à 700 €.

Ce jouet pour enfant des années 1950 vaut aujourd'hui très cher.

AVOIR UN CHAT

Aimer les chats, c'est bien. Mais toi, tu rêves d'en aimer un en particulier, qui serait « le tien » pour de bon. Si ta famille est d'accord, pourquoi vous refuser ce plaisir ? À condition d'avoir d'abord bien réfléchi à ce que tout cela entraîne, car le chat est un petit être vivant, avec sa personnalité et ses besoins.

Une grande décision

Il n'est jamais inutile de le répéter : un animal n'est pas un jouet ! Adopter un petit compagnon entraîne aussi quelques contraintes. Il faut d'abord être sûr de pouvoir lui assurer une vie heureuse, et pour longtemps. Un chat vit parfois plus de 20 ans, et connaîtra peut-être aussi tes enfants.

Tout prévoir

C'est sûr, sa majesté le chat apportera dans la maison une présence amicale et tranquille. Mais, qui changera la litière tous les jours ? Qui l'emmènera chez le vétérinaire ? Qui paiera la nourriture et les frais d'entretien ? Et qui pourra s'en occuper pendant les vacances ? C'est parce que beaucoup de gens oublient de se poser à l'avance ces questions qu'ils sont chaque année plus de 100 000 chiens et chats à être abandonnés rien qu'en France.

Hep là ! Bien moins remuant qu'un chien, le chat est pourtant capable aussi de commettre quelques bêtises dans la maison. Mieux vaut le savoir.

Les chattes sont, en général, douces et affectueuses.

MATOU OU MINETTE ?

Si tu n'as pas en vue la reproduction, le choix importe peu : tous sont également beaux et intelligents ! Seule certitude : les mâles deviennent un peu plus grands que les femelles. Quant aux animaux castrés ou stérilisés, bien malin qui pourrait déceler une réelle différence de comportement entre l'un ou l'autre sexe. Assure-toi quand même que les poils de ton chat ne révéleront aucune allergie chez les membres de ta famille !

Les mâles, quant à eux, réclament davantage de liberté.

IL NOUS FAIT DU BIEN !

Tes parents hésitent encore ? Voici une petite astuce pour les convaincre : apprends-leur que le chat est un animal très bénéfique pour leur propre santé ! C'est tout à fait sérieux : de nombreuses expériences ont prouvé que lorsqu'on caresse un chat, notre corps s'apaise, notre tension artérielle diminue aussitôt, et le stress s'évacue.

Le budget du chat

On l'a vu, un chat « coûte » au minimum 300 à 500 € par an pour son entretien. Mais en réalité, c'est souvent près du double que tes parents devront débourser. Pour t'aider à calculer avec eux le budget prévisionnel, voici les principales dépenses, ainsi que leur montant moyen.

La nourriture

Si ton chat ne mangeait que des aliments en conserve, soit une boîte à 0,60 € par jour, cela reviendrait à 18 € par mois. Mais la moyenne dépasserait plutôt les 30 € par mois, soit environ 400 € par an.

La litière

Un sac de 5 kg coûte entre 1 et 2 €. À raison d'un et demi par semaine (consommation moyenne), la dépense se monte environ à 120 € par an.

Le vétérinaire

Difficile ici de donner un chiffre moyen, mais il faut savoir par exemple que le tatouage coûte autour de 60 €, et qu'on peut compter au moins la même somme pour une visite et un vaccin annuels.

Le « trousseau »

Un poste très variable : celui des accessoires pour le bien-être de ton chat. Cela peut aller de beaucoup d'argent à rien du tout. Mais, dans la pratique, tu peux prévoir d'acheter chaque année entre 20 et 40 € d'objets divers : corbeille, brosse, joujoux, collier antipuces...

L'assurance

Bien qu'elle ne soit pas obligatoire, une assurance est conseillée, surtout si le chat est un « fugueur ». Compte au moins 100 € par an, si tu veux qu'il soit aussi garanti pour sa santé.

Où le trouver ?

Il existe plusieurs façons de se procurer un chat : tout dépend de tes exigences et de tes moyens. Mais qu'il s'agisse de l'acheter ou de l'adopter, ne néglige jamais de respecter certaines règles indispensables !

Le bon éleveur

Tu as envie d'un chat d'une race précise ? C'est à un éleveur qu'il te faudra faire appel. Tu trouveras facilement ses coordonnées dans les petites annonces des revues spécialisées. Tu peux aussi t'adresser aux organismes comme le Cat Club ou l'Association nationale féline, qui t'indiqueront une « chatterie » proche de chez toi en fonction de la race souhaitée.

Que ce soit par des amis ou par petite annonce, tu trouveras facilement un chaton de « gouttière » à adopter gratuitement.

Chez un éleveur, demande à visiter la chatterie. Tu jugeras si l'environnement est sain et si les chats ont l'air heureux.

Le juste prix

Le prix d'un chat de race varie entre 400 € et 800 €. C'est cher, mais n'oublie pas que chaque individu constitue le résultat d'un long travail de sélection. Si le chaton n'est pas encore sevré, voire pas encore né, l'éleveur te demandera de verser des arrhes (1/3 du montant) à la réservation. Et si tu ne veux pas dépenser une fortune, pourquoi ne pas acquérir un animal présentant un léger « défaut » par rapport aux standards de la race ? Par exemple, le nez trop court pour un persan ou des poils blancs sur la robe d'un angora noir les excluent des compétitions, mais pas de ton cœur !

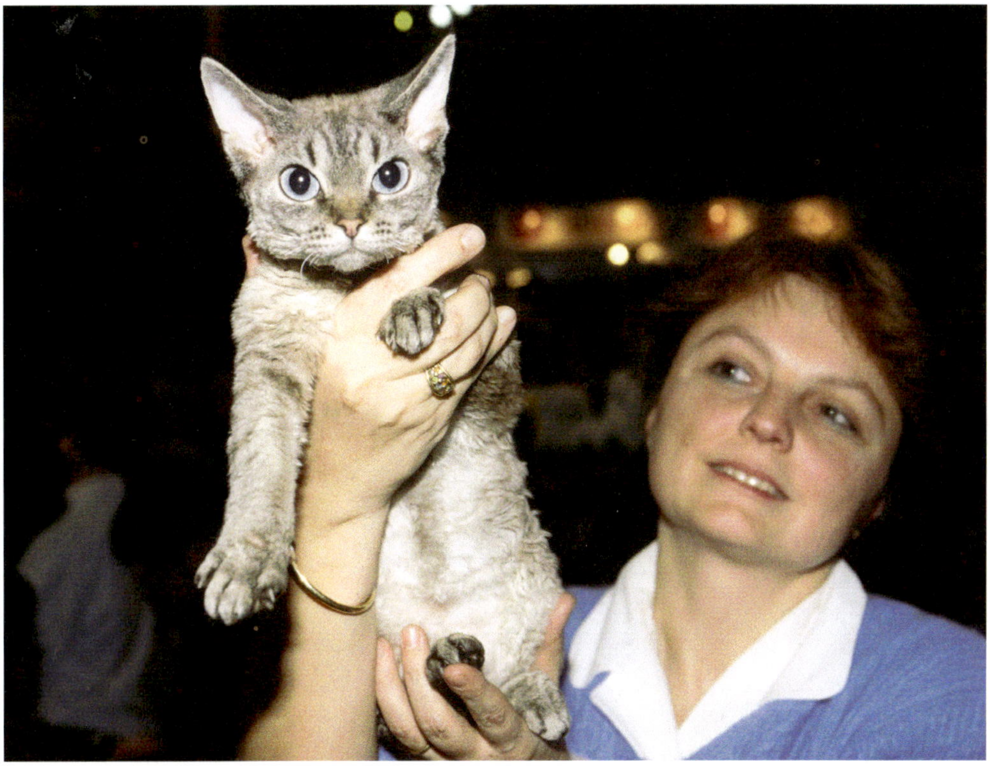

Si tu n'es pas encore décidé, va faire un tour dans les expositions félines : tu y découvriras toutes les races, tu pourras parler aux éleveurs, et parfois même emporter un chaton à vendre.

ET SI TU FAISAIS UNE BONNE ACTION ?

Si tu as envie de donner une « seconde chance » à un chat quelque peu chiffonné par la vie, alors, adoptes-en un. Va avec tes parents à la SPA ou tout autre refuge. Prenez votre temps, et demandez les conditions d'abandon de l'animal. Il vous sera réclamé en général une petite somme forfaitaire (20 à 40 €), incluant les frais de vaccination et éventuellement de stérilisation. Vous remplirez une fiche d'adoption, en vous engageant sur l'honneur à prendre bien soin de votre nouveau compagnon. Puis vous repartirez tous ensemble, et ce bonheur-là sera précieux entre tous.

Ils sont nombreux à t'attendre dans les associations ou les refuges des sociétés de protection animale.

Quelle race choisir ?

Parmi la quarantaine de races félines, on reconnaît 4 grandes catégories : les « placides », les « bavardes », les « expansives » et les « sauvages ». Toutes font à peu près la même taille, et les différences sont bien moins importantes qu'entre les races de chiens. Choisis celle que tu préfères, puis informe-toi sur les soins particuliers qu'elle réclame (faut-il brosser ou peigner la robe ? l'animal est-il stable, robuste ou fragile ?). Pense aussi à l'espace dont tu disposes, et au genre de vie de ta famille !

Chat, vos papiers !

Lors de l'achat de l'animal, 2 documents au moins sont obligatoires : le carnet d'immatriculation (obtenu par le tatouage) et l'attestation de vente. Si ton chat est de race pure, il te faudra aussi obtenir son pedigree. Sans oublier le carnet de vaccination, non obligatoire mais fortement recommandé !

Tatoue ton minou

Le tatouage est obligatoire dans de nombreuses circonstances : si le chat change de propriétaire, s'il réside ou transite dans un département infecté par la rage, s'il séjourne dans un camping ou un centre de vacances, s'il est présenté en exposition. L'intervention est pratiquée dès l'âge de 3 mois par le vétérinaire, à l'aide d'un pistolet à aiguilles appelé « dermographe ». Sous anesthésie générale, on grave à l'intérieur de l'oreille du chat un code composé de chiffres et de lettres, lui donnant ainsi une « identité » qu'il conservera toute sa vie. En 2006, ils sont déjà plus d'un million et demi de chats en France à être tatoués, et le chiffre ne cesse de grossir.

Le tatouage permet au chat égaré de bénéficier d'un délai de garde en fourrière de 8 jours au lieu de 4 pour un « anonyme ».

FÉDÉRATION FÉLINE FRANÇAISE
75, rue Claude Decaen - 75012 PARIS

N° RIEX 18863

Nom du Chat : DRAPHOUSSE DE LA RENOUEE

Sexe : FEMELLE Race PERSAN COLOURPOINT

...ur de la robe : SEAL TABBY Yeux : BLEUS N° 138 TB SP

Date de naissance : 16 MAI 1988

...nts : CH MASTERPIECE *** RIEX 17514 138 TB SP

BIBI *** RIEX 17621 138 SP

Grands-Parents :

Arrières Grands-Parents :

EXTRAIT DU LIVRE FRANÇAIS DES ORIGINES FÉLINES (L. O. F.)

Inscrit le 16 SEPTEMBRE 1988

en conformité avec la déclaration de l'éleveur ou du propriétaire déclarant.

Le Secrétaire de la F. F. F. :

Fédération Féline Française SECRÉTARIAT

Le propriétaire et le vétérinaire conservent chacun un volet du carnet d'immatriculation, le troisième étant transmis au Fichier central félin qui enregistre sur ordinateur les références du « tatoué ».

Le carnet de santé

Sur l'attestation de vente (obligatoire), doivent figurer les coordonnées de l'acheteur et du vendeur, l'identité du chaton, le prix exact, les dates de vente et de livraison de l'animal. Tout éleveur sérieux te remettra en plus son carnet de vaccination.

Tu dois de toute façon te rendre dans les 15 jours chez le vétérinaire, qui établira un diagnostic de santé. La loi interdit la vente d'un chat atteint de maladies incurables ou réputées contagieuses :

- le virus leucémogène félin (FELV) ;
- la leucopénie infectieuse féline (LIF) ;
- la péritonite infectieuse féline (PIF) ;
- le virus de l'immuno-dépression (FIV).

Pendant ce délai de 15 jours, s'il découvre que son chat est malade, l'acheteur peut demander l'annulation de la vente, et son remboursement intégral.

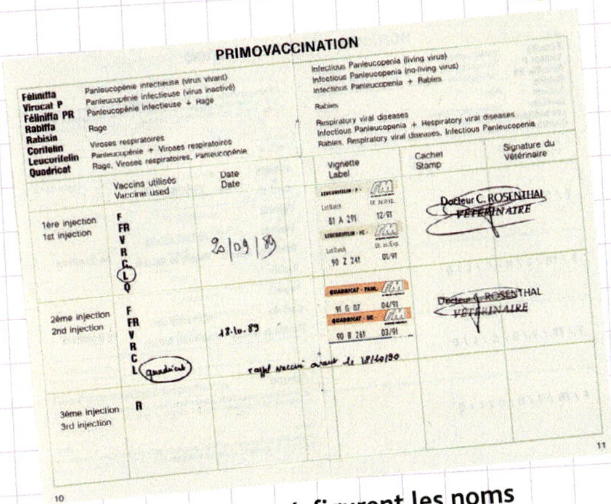

Sur le carnet de santé, figurent les noms des vaccins et leur date d'injection.

Qu'est-ce qu'un pedigree ?

Obligatoire pour les chats de race, ce document n'est pas toujours remis au moment de la vente. Lorsque 2 chats s'accouplent, l'éleveur envoie d'abord à un club félin une « déclaration de saillie », suivie si tout va bien d'une « déclaration de naissance ». Ces étapes sont indispensables pour l'obtention du pedigree (ci-contre), qui sera ensuite envoyé à son propriétaire.

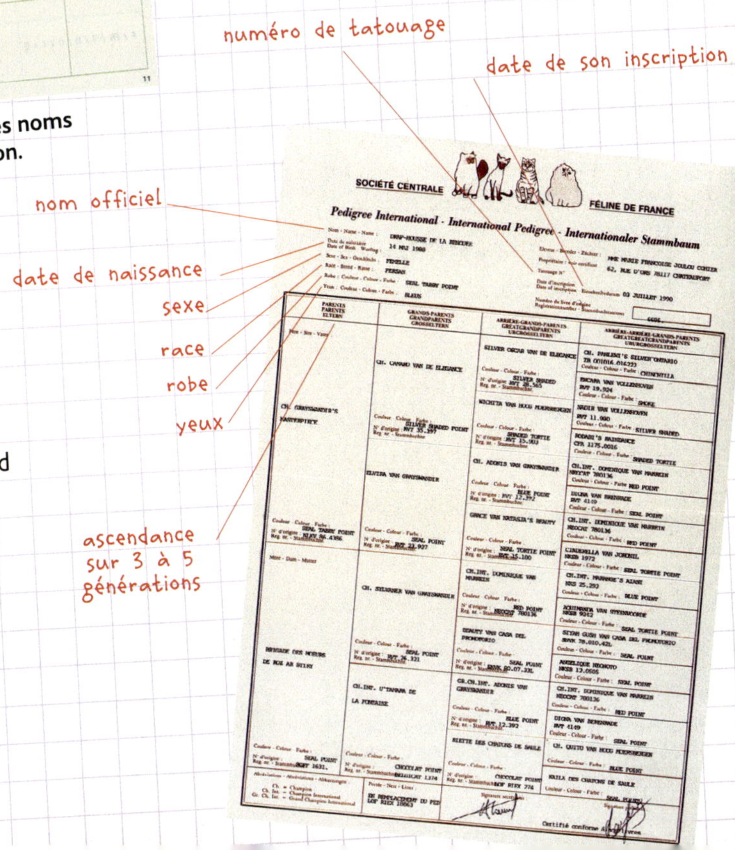

Lequel choisir ?

Devant la portée de chatons, tout se complique : comment se décider pour l'une ou l'autre de ces adorables boules de poils ? Voici quelques « trucs » à savoir, sans oublier de laisser une place au coup de cœur.

Est-il bien sevré ?

L'âge idéal pour adopter un chaton se situe vers 2 mois et demi. S'il tète encore sa mère, c'est par pure gourmandise, car il est capable de se nourrir uniquement d'aliments solides. Dans l'idéal, mieux vaut qu'il ait déjà été séparé de sa mère depuis quelques jours.

5 minutes pour choisir, toute une vie pour l'aimer !

ET POURQUOI PAS 2 ?

Si c'est possible, n'hésite pas : adoptes-en 2 d'un coup. Élevés ensemble, ils ne s'ennuieront jamais, seront toujours de bons amis, et s'adapteront plus facilement au changement.

Le jeu est aussi et surtout une excellente activité d'apprentissage.

Le plus sympa

La première impression est parfois la bonne ! Si c'est possible, observe toute la portée et laisse-les jouer tranquillement devant toi. Un chaton en forme a l'œil clair, le poil brillant, les gestes vifs. Il joue facilement avec les autres, sans se laisser dominer ni faire régner la terreur. Un bon copain, quoi !

Quelle couleur ?

La couleur et les dessins de la robe mettront jusqu'à 6 mois avant de se fixer complètement : pour un chat de race, demande conseil à l'éleveur si tu as des exigences précises.

QUEL SEXE ?

Pas toujours facile à deviner ! La règle est la suivante : l'espace entre l'orifice anal et les parties génitales est toujours plus petit chez la femelle que chez le mâle.

Tester le chaton

Pour découvrir le caractère du chaton, il n'existe pas de tests psychologiques comparables à ceux utilisés avec les chiots. En revanche, observe bien tous les indices physiques pour t'assurer qu'il est en bonne santé.

Qui a apprivoisé l'autre ?

Adopter un adulte

Si tu adoptes un chat adulte, essaie de connaître son passé, son caractère. Son comportement doit être amical, même s'il reste méfiant avant tout. Vérifie aussi qu'il ne présente aucun signe de maladie visible, et emmène-le tout de suite chez le vétérinaire.

QUEL PRÉNOM CHOISIR ?

Moustique ? Caramel ? Typhon ? Le choix te prendra sans doute des heures, en fouillant dans les livres et dans ton imagination.
Un conseil : ne fais pas trop compliqué. Choisis plutôt un nom qui « sonne » bien, de 2 ou 3 syllabes bien détachées. Si tu as un chat de race avec pedigree, c'est différent. Comme pour les chiens, en fonction de son année de naissance, son nom doit commencer par une lettre précise, en suivant l'ordre de l'alphabet (sauf K, Q, W, X, Y et Z). En 2005, on a recommencé à A, comme Ananas, Arlequin, Adhémar...

Les premiers jours

Après avoir inspecté les lieux, ton chat prendra contact avec toi et ta famille. Laissez-le faire à son rythme, et tout se passera en douceur !

Le chat possède une faculté innée pour dénicher les coins inaccessibles. Aurais-tu pensé le trouver là ?

Calme et liberté

Au réveil, si le chaton semble se sentir à l'aise, invite-le à jouer avec une balle, une bobine, un morceau de fil. Mais s'il remue la queue et essaie de s'enfuir sous tes caresses, laisse-le tranquille ! Même si tout se passe bien, la courte période d'adaptation est toujours un peu traumatisante pour lui. Il déteste par exemple qu'on le saisisse à l'improviste : l'approche doit être calme, et il vaut mieux lui parler avec douceur pour le mettre en confiance.

Au bon accueil

Un chaton bien sevré est déjà habitué à explorer le monde : il ne lui faudra souvent pas 24 heures pour se sentir chez lui dans son nouvel environnement. La première impression est décisive, à toi de faire en sorte qu'il se sente bien accueilli. Quand il aura mangé, reçu des caresses, joué un peu, le souvenir de sa mère sera déjà lointain et flou, et il se laissera gagner par un profond sommeil.

Chacun sa vie

Ton chat et toi, vous deviendrez sans doute les meilleurs amis du monde. Par contre, n'espère jamais le « posséder » ni le dresser comme un petit chien ! Ce sera plutôt lui qui t'acceptera pour maître, en conservant sa propre façon de vivre.

Présente à ton chaton son bac à litière, il l'« étrennera » tout de suite.

Si le chaton a été retiré un peu trop tôt à sa mère, une bouillotte dans le panier simulera sa chaleur.

Son coin à lui

Ton chat est un grand solitaire. Pour se sentir bien dans la maison, il doit disposer d'un coin où dormir et se réfugier. Choisis-lui un endroit en hauteur d'où il pourra tout observer, dans un recoin d'une pièce loin du passage. S'il fait froid, arrange-toi pour le placer non loin d'un radiateur. Pour le reste, un panier et un coussin feront son bonheur. Inutile de prévoir trop grand, car le chat adore se pelotonner.

À toute heure

Le chat peut s'adapter à tous les horaires : à toi de décider du moment de ses repas pour vous rendre la vie agréable à tous les deux. Par contre, une fois ce rythme installé, veille à le respecter, car le chat aime ses habitudes.

La première réaction du chat dans une maison inconnue sera souvent la fuite.

Au secours, je veux sortir !

Ton chaton a peur de toi, il cherche à s'enfuir ? C'est sans doute parce que sa mère était un peu sauvage. Pendant quelques jours, tu le garderas enfermé dans la maison, en lui offrant des bons petits plats, en le laissant tranquille, en ne le caressant que s'il s'approche spontanément. Peu à peu, mis en confiance, il se sentira chez lui, et tu pourras alors le laisser sortir à sa guise.

Sage prudence

Âgé de 6 mois à 1 an, s'il n'a pas souffert, le chat s'intégrera facilement dans une maison où il ne manque de rien. Un chat plus âgé, lui, prendra le temps d'approcher son nouveau maître, d'étudier tes mouvements, de se familiariser avec ton odeur, d'apprécier la régularité des repas ! En général, il lui faudra 2 à 3 semaines avant de se convaincre que son nouveau maître est un ami, avec lequel il peut avoir des échanges affectueux. En avant, les câlins !

Le chat dans la maison

Le chat est un animal casanier : il a besoin de se sentir chez lui, à l'intérieur d'un « territoire » qui pourra aller d'un coin de forêt à un petit studio sans balcon ! À condition de sentir une présence amie, il saura s'adapter dans (presque) tous les cas.

N'oublie pas que ton chat est un acrobate : il arrivera presque toujours à grimper à l'endroit le plus haut, pour dominer la situation.

Son territoire : le tien

En arrivant chez toi, le chat n'a pas le choix : il devra partager le territoire commun avec toute ta famille. Mais son instinct le poussera à se réserver de petites « propriétés privées », en traçant des frontières invisibles connues de lui seul. Au fil des jours, tu le verras définir des zones d'activité et de repos. Dans chaque pièce de la maison, il se choisira un endroit bien précis qu'il occupera souvent à horaires réguliers : par exemple, l'après-midi sur le rebord de la fenêtre, le soir sur le coussin du salon.

Avec ses yeux excellents, le chat peut distinguer les images qui bougent sur l'écran.

Vive la routine !

Dans la maison, ton chat inspectera chaque meuble et chaque objet. Il déambulera souvent pour se rafraîchir la mémoire, heureux de vérifier que tout est bien en place. Si un objet a été déplacé, il le « découvrira » à nouveau. Voilà pourquoi rien ne désoriente plus un chat qu'un déménagement !

Si ton chat a l'habitude de faire ses besoins dehors, la chatière lui sera très utile.

Attention, dangers !

Tu as appris à te méfier des dangers domestiques. Ton chat, lui, en ignore tout ! Les plaques de cuisson, les radiateurs électriques constituent les plus graves dangers. Mais veille aussi à ne jamais laisser entrouvert un four ou une machine à laver, à grillager les rebords des fenêtres, à ne laisser aucun poison à sa portée.

Laissez passer Sa Majesté

Le chat déteste les portes : il est capable de miauler des heures pour que tu lui ouvres et, sitôt dehors, il recommencera son manège pour rentrer ! La solution pour être tranquille ?
La « chatière », que ton compagnon apprendra vite à pousser d'un coup de tête. Plus sophistiquées encore, certaines s'ouvrent automatiquement, commandées par un petit émetteur qu'il porte sur son collier !

Le jardin ? Il adore !

Si tu as un jardin, ton chat sera le plus heureux des petits fauves ! Dès qu'il franchit le seuil de la maison, sa psychologie change : le « chaton de l'homme » redevient un « chat sauvage ». Mais, dans un jardin non clôturé, ton chat n'a pas de limites. Alors, si tu ne veux pas de grillage, essaie plutôt les haies : les ifs sont de véritables répulsifs pour les chats. Autre problème : excité par les odeurs et par tout ce qui bouge, ton chat peut faire des ravages dans le jardin. Sois indulgent avec lui !

L'idéal, c'est de consacrer à ton chat un coin de jardin où tu planteras les plantes qu'il aime : la valériane officinale, l'actinidia, la menthe poivrée.

Petit nécessaire du chat

En arrivant à la maison, ton chat « amènera » ses bagages. En clair, à toi de te procurer le nécessaire pour l'accueillir et vous rendre la vie agréable. Rassure-toi, rien de compliqué ni de très cher, à moins que tu ne rêves de folies et que tu n'en aies pas les moyens !

Quelle écuelle ?

En émail ou en plastique ? La question divise encore. Mais les plastiques ont beaucoup évolué : ceux de bonne qualité ne laissent désormais plus d'odeur. Ce qu'il faut, surtout, ce sont des écuelles larges (une pour la nourriture et une pour l'eau), solides, faciles à nettoyer tous les jours.

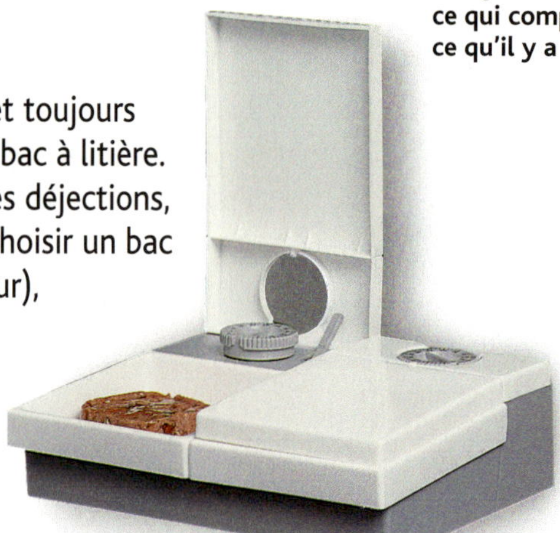

Aux yeux du chat, ce qui compte c'est ce qu'il y a dedans !

Au bon petit coin

Loin de l'endroit où il mange, dans un coin tranquille et toujours accessible : voilà où ton chat doit pouvoir trouver son bac à litière. Son instinct le pousse à gratter le sol pour recouvrir ses déjections, et ses pattes sont puissantes : 2 bonnes raisons pour choisir un bac muni de rebords antiprojections (tournés vers l'intérieur), ou mieux encore, d'un vrai toit en plastique.

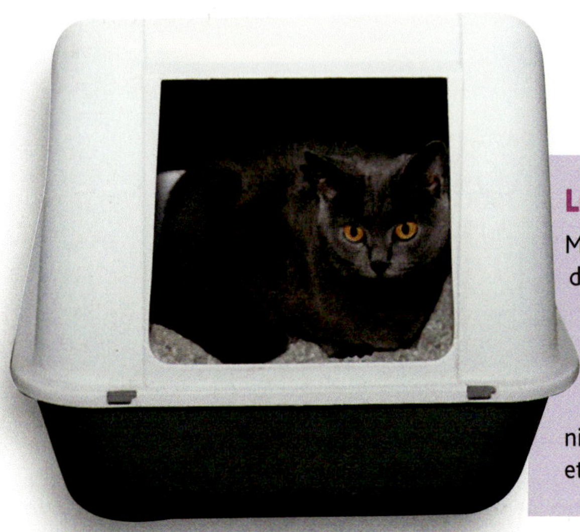

Litières en stock

Minérales ou végétales, il en existe aujourd'hui une dizaine de sortes, sous plus de 200 marques en France. L'argile est le matériau le plus répandu, mais fait souvent beaucoup de poussière, tandis que d'autres collent aux pattes ou ne sont guère absorbants. Le meilleur serait la « sépiolite », qui ne fait ni boue ni poussière, dure longtemps, absorbe les odeurs et jusqu'à 300 % de son poids de liquide !

Moi et mon panier

Pour son panier, le choix est vaste, depuis le simple carton muni d'une couverture jusqu'au coussin brodé et assorti à ses yeux. Un seul matériau à proscrire : la mousse, que ton chat risquerait de déchiqueter et d'avaler.

« Bien au chaud dans mon panier ! »

Gratte-matou

Tous les chats (et surtout les chatons) ont besoin de se faire les griffes. Pour éviter que ce besoin naturel ne transforme tes meubles en charpie, prévois-lui dès son arrivée un griffoir. Les moins chers du commerce sont en carton ondulé, mais cela peut aussi être une simple bûche de bois, ou encore une planche recouverte de moquette imprégnée d'extrait d'herbe à chat (pour l'attirer à coup sûr !).

La jungle de velours

Tu n'as pas la chance d'avoir un jardin ? Offre à ton copain une « cabane » pour grimper, faire des galipettes et dépenser son énergie. On en trouve de très nombreux modèles allant de 50 à 1 000 € ! Tu peux aussi la construire toi-même, en prévoyant par exemple des plates-formes reliées par une branche d'arbre, des obstacles, des niches secrètes, afin qu'il échappe à ses nombreux ennemis imaginaires !

« Dans mon arbre, je suis intouchable ! »

Attraper, saisir, lancer en l'air

Telles sont les principales fonctions des jouets pour chats proposés dans les magasins. Ici encore, la gamme de prix est très vaste, mais n'oublie pas que ton chat et toi n'avez pas forcément les mêmes goûts. À vrai dire, une simple ficelle lui procurera parfois des mois d'amusement frénétique.

À toi de choisir, mais n'oublie pas que c'est lui qui jouera (ou pas) avec…

COMPRENDRE TON CHAT

La nuit, parfois, ton chat se glisse sous tes couvertures. Pourtant, imagine un peu, s'il s'agissait d'un chat sauvage ! Pour arriver à un tel degré de confiance, le chat domestique a dû « canaliser » nombre de ses instincts sous des formes plus sociales. À toi de savoir les interpréter, pour mieux le comprendre.

Le langage du corps

Les spécialistes ont recensé chez lui plus de 60 attitudes distinctes : inclinaisons de la tête, expressions de la face, positions de la queue et des oreilles. Voici le moyen de « lire » dans ses pensées, car ton chat est incapable de dissimuler la moindre émotion !

Le chat au fond des yeux

Comme l'a noté dans les années 60 le célèbre éthologue allemand Konrad Lorenz : « *La plus infime agitation mentale se reflète aussitôt sur le visage d'un chat : c'est le visage tout lisse de l'amitié confiante* [...] *que la moindre émotion marque aussitôt d'une ride ou d'une contraction des muscles faciaux.* » Ainsi, dans les yeux de ton chat, tu peux lire une foule de sentiments.

Si le chat est de bonne humeur, ses yeux sont grands ouverts, ses oreilles pointées en avant. Curieux de tous et de tout, il observe le monde.

Si ton chat te fixe dans les yeux, considère-toi comme un privilégié : entre chats, c'est un signe de défi ! S'il a commis une bêtise, ses yeux se font fuyants. Ne compte pas sur lui pour lever vers toi un regard implorant !

Quand il garde les yeux mi-clos, le chat se sent en confiance. Mais ne t'y trompe pas : malgré les apparences, il surveille tout ce qui bouge !

Mis en confiance, ton chat s'abandonne et te laisse toucher son ventre. Une faveur très spéciale, car c'est la partie de son corps la plus vulnérable !

Les moues pour le dire

Avec sa gueule aussi, le chat exprime des sentiments, et pas seulement quand il mord ! Face à un autre chat qui lui est inférieur, tu le verras retrousser ses babines, montrer ses crocs dans une attitude de défi. Quand il est content, il détend ses lèvres, tandis qu'il les pince lorsqu'il est inquiet ou que quelque chose lui déplaît. Surveille aussi son front : quand ton chat est hésitant, ou qu'il commence à se fâcher, tu verras quelques sillons s'y former. Tous ces signaux bien sûr ne sont pas indépendants les uns des autres : c'est son corps tout entier qui exprime les sentiments du chat.

Timide ou effronté, ton chat est un individu à part entière.

QUE DIT SA QUEUE ?

Dans une fameuse chanson, les Frères Jacques évoquent « le petit bout de la queue du chat ». Et c'est vrai qu'elle est fascinante ! Regarde-la attentivement, et tu devineras l'humeur de son propriétaire.

Dressée calmement à la verticale, elle exprime une joie sereine. Comme par exemple quand tu t'apprêtes à lui donner à manger !

Agitée, tressautante, elle traduit l'inquiétude, la nervosité ou la colère. Exactement l'inverse du chien, qui remue la queue lorsqu'il est content.

Hérissée, elle paraît plus grosse qu'elle n'est, et se fait menaçante. Si en plus elle se balance, c'est infaillible : le chat se prépare à attaquer !

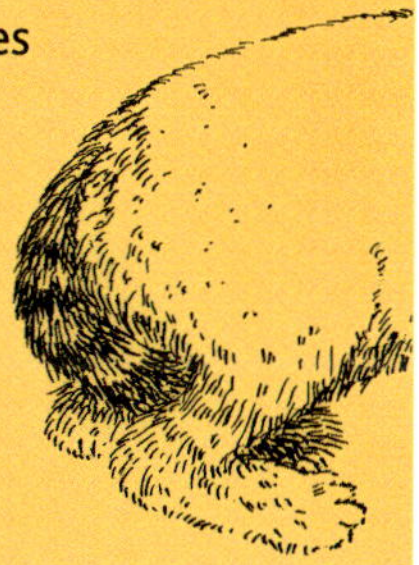

Rabattue, coincée entre les pattes postérieures, elle signifie que le chat renonce à lutter, et indique sa soumission absolue.

Parlez-vous « miaou » ?

« Miou », « Mâo », « Mhrraou ». Il suffit de l'écouter attentivement pour constater que son vocabulaire est bien plus riche que celui d'un chien. Du grave à l'aigu, le chat dispose d'un « vocabulaire » riche de nombreux sons très différents. Et plus on lui parle, plus il nous répond !

Avec son larynx très développé, le chat peut moduler toutes sortes de sons, de la douce mélodie au grincement rauque.

Un élève doué

Le nouvau-né possède déjà un cri de détresse aigu, qui permet à sa mère de l'entendre de très loin et de le reconnaître entre mille. À l'âge de 12 semaines, le chaton possède déjà la plupart des sons des adultes. Tous les chats ne deviennent pas « bavards » : certaines races, comme les siamois, sont plus expressives et bruyantes que d'autres.

Un ton au-dessus

Quand les chats communiquent entre eux, ils miaulent beaucoup plus fort que lorsqu'ils s'adressent à nous. Écoute-les quand ils sont en chaleur ou quand ils se battent : ce ne sont plus que sifflements, grondements, gémissements et piaulements.

QUE DIT-IL ?

L'habitude aidant, un maître comprend très bien le sens des « paroles » de son chat. En voici quelques-unes, mais la liste n'est pas exhaustive.

- « J'ai faim ! » : miaou sonore, insistant.
- « J'ai peur ! » : bruit de gorge, cri bref.
- « J'ai mal ! » : cri strident, perçant.
- « Tu m'ennuies ! » : grognement étouffé.
- « Occupe-toi de moi ! » : petit miaulement doux.
- « Je veux te mordre ! » : cliquetis des mâchoires.

Pourquoi ronronne-t-il ?

Quand le chat est heureux, il vibre comme un petit moteur. Les scientifiques se sont longtemps interrogés sur la provenance de ce son. On a cru qu'il pouvait être dû à l'accélération du sang dans la veine cave, amplifiée par l'air de la trachée-artère. Aujourd'hui, on sait qu'il provient des « fausses » cordes vocales à l'arrière du larynx. À chaque inspiration et expiration, l'air les fait vibrer au moins 30 fois par seconde !

Les petits aussi

Dès son jeune âge, le chaton utilise le ronronnement pour signifier par exemple que la tétée est agréable. La signification exacte du ronronnement serait plutôt : « Je suis inoffensif ! » Il est utilisé aussi entre chats adultes pour désamorcer un conflit possible. Plus surprenant, on a observé que le chat ronronne quand il souffre, et parfois au moment de mourir, sans doute pour s'apaiser lui-même.

Puma d'Amérique.

SUPER RON-RON

Le ronronnement n'est pas spécifique au chat : plusieurs grands félins en sont aussi capables, le plus puissant étant celui du puma qui peut s'entendre à des kilomètres à la ronde.

Gravure du XIXe siècle d'après *Le Concert des chats* de P. Breughel.

Drôles de concerts

Au XVIIe siècle, en Europe, les « concerts de chats » faisaient fureur. Bien dressés par leurs maîtres, ils miaulaient en mesure, pour la plus grande joie du public. Plus stupide : on imagina d'enfermer une douzaine de chats dans des cages d'où ne dépassaient que leurs queues. En tirant sur ces dernières, on produisait avec ce « piano à chats » une épouvantable cacophonie.

Drôles d'attitudes

Parfois, ton chat se conduit envers toi d'une drôle de manière. Chacun de ses actes possède une signification bien précise, souvent héritée de sa tendre enfance. Voici les « grands classiques », que tu as dû déjà observer.

Il pédale sur tes genoux

Ronronnant de bonheur, ton chat « laboure » ton pantalon ? Il reproduit le geste qu'il faisait tout petit, pressant la mamelle de sa mère pour en faire jaillir le lait tiède. Souvent, tu le verras « pédaler » sur un vêtement imprégné de ton odeur, dont la matière lui rappelle sa mère.

Il mord ta main

Couché le ventre en l'air, il attend visiblement la caresse, mais fait mine de mordre ta main dès que tu le touches ? Ton chat n'est pas un traître ! Il se trouve en situation de conflit, partagé entre envie et méfiance. En attaquant, il trouve une issue à cette situation.

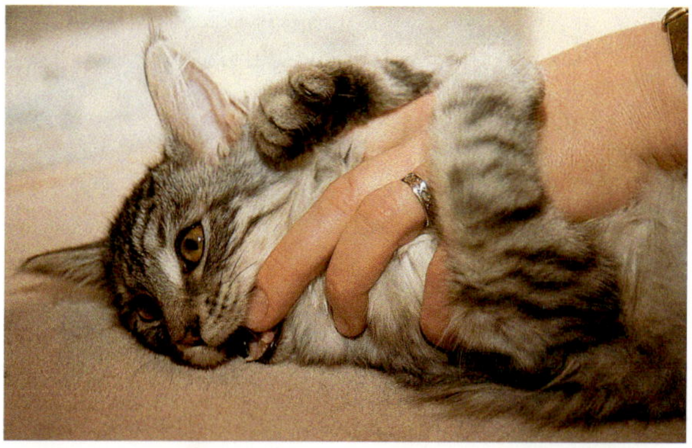

Il lève la queue

Quand tu caresses ton chat, cela lui rappelle les coups de langue qui servaient autrefois à le débarbouiller. Souvent, tu le vois alors dresser la queue toute droite en te tournant le dos. Il t'invite ainsi à examiner sa zone anale, qui faisait l'objet de beaucoup d'attentions de la part de sa vraie mère !

Il se frotte contre toi

N'oublie pas que ton chat communique d'abord avec les odeurs ! Tout en « signant » ta jambe avec les sécrétions de ses glandes (situées entre ses tempes, au coin de la bouche, et à la base de la queue), il récolte en même temps des molécules de ta propre odeur, qu'il dégustera ensuite en allant se lécher dans un coin.

Que représentons-nous à ses yeux ?

La réponse n'est pas simple, d'autant que les scientifiques ne sont pas tous d'accord. Voici un résumé des principales hypothèses, qui ne s'excluent d'ailleurs pas forcément entre elles.

Un ami ?

Le scientifique Paul Leyhausen considère plutôt que le chat verrait en nous un « compagnon social » idéal, car nous ne sommes pas pour lui un concurrent potentiel. Dépourvue de toute agressivité, faite d'amitié et de jeu, notre relation est unique : elle serait impossible entre chats adultes.

Un bienfaiteur ?

Une théorie rappelle qu'en s'attachant à un maître, le chat trouve d'abord nourriture, confort et protection. Ainsi, la loi de la survie l'aurait incité à demeurer domestiqué, et ce gène serait devenu dominant à l'issue d'une sélection naturelle.

Surprise

Exemple typique d'une action souvent mal comprise : quand ton chat te ramène une proie qu'il vient d'attraper au jardin, ne le réprimande surtout pas, car pour lui il n'y a rien là de cruel ni de sale. Au contraire, il te fait ce « cadeau » pour te prouver sa fidélité. Caresse-le plutôt, et après débarasse-toi discrètement de la victime.

Une maman ?

Quand il était tout petit, tu l'as pris dans tes mains pour le caresser. Le chaton s'est habitué à ton odeur, l'a associée à des impressions agréables. En fait, affirme Desmond Morris, il t'a confondu avec une « mère-chatte », et se comportera toute sa vie comme un gros bébé avec toi !

Un congénère ?

N'oublions pas que la plupart des chatons découvrent l'homme quelques heures seulement après leur naissance, presque en même temps que leur mère : suivant le phénomène de l'« empreinte » décrit par Konrad Lorenz, ils pourraient alors croire qu'ils appartiennent aux 2 espèces !

Sa préférence à lui

Bien accueilli, le chat montre volontiers de l'affection pour toute la famille. Mais cela ne l'empêche pas de se choisir un « maître » envers lequel il aura un comportement spécial. Il recherchera sa compagnie, le suivra à travers la maison et souffrira d'en être séparé.

Le chat a besoin de compagnie et d'affection.

La société des chats

Ton chat est un chasseur solitaire : à l'inverse du chien, ses ancêtres n'ont jamais vécu en meutes. Pourtant, il pourra assez facilement partager son foyer avec d'autres chats, voire même partir en virée avec la bande de matous du terrain vague d'à côté !

Tu veux avoir plusieurs chats ? L'idéal est de les adopter en même temps. Les risques de conflits seront alors réduits au maximum.

Tu es qui, toi ?

Deux chats qui ne se connaissent pas commenceront d'abord par s'observer de loin, se juger par des mimiques et des miaulements. Puis, si tout se passe bien, ils viendront prudemment se renifler, à hauteur de la tête ou de la région anale.

PAS DE JALOUX

Quand tu introduis un chat dans un foyer où un autre habite déjà, la première réaction du maître des lieux sera de chasser l'« intrus » qui lui vole son espace, sa nourriture, ses caresses. Pour arrondir les angles, évite de manifester une préférence envers le nouveau venu. Prévois pour chacun un coin repas, un panier et, si possible, des caisses à litière séparées, au moins pour le début.

Râpeuse amitié

L'« allotoilettage » – action de se lécher mutuellement – est réservé aux chats qui se connaissent et s'apprécient. C'est en échangeant leurs odeurs qu'ils renforcent leur lien social.

Ton matou fréquentera peut-être un groupe de chats errants. Il devra respecter certaines règles, comme se soumettre à l'autorité du chef.

La loi du plus fort

La place du chef n'est pas la plus enviable ! Car il lui faudra souvent la défendre contre un nouveau postulant, venu de l'extérieur ou de la communauté. Le combat, inévitable, sera bref mais féroce, sous le regard des autres qui se garderont d'intervenir. Mais cela ira très rarement jusqu'à la mort : au bout d'un moment, le vaincu préférera s'enfuir à tout jamais, ou s'aplatir dans la posture de la femelle prête à s'accoupler. Le vainqueur le « chevauchera » alors symboliquement, et tout rentrera dans l'ordre.

Le clan des citadins

Les chats errants des villes, contrairement aux solitaires des campagnes, connaîtraient une véritable mutation sociale. Pour protéger leur territoire, leur nourriture et leurs jeunes, ils se regroupent en petits clans structurés autour d'une hiérarchie très simple. Le chef règne seul, les autres sont égaux entre eux. Ce « despote » fait respecter les règles de la cohabitation, arbitre les conflits, veille à ce qu'on s'occupe des blessés ou des invalides. Les femelles les plus expérimentées aident les jeunes à mettre bas. Mieux encore, si plusieurs chattes ont des petits en même temps, ils seront élevés ensemble et allaités indifféremment par l'une ou l'autre mère. Enfin, les membres du clan s'avertissent des dangers, on a même observé des chats se liguant contre un ennemi commun (par exemple les hommes) !

Espion des chats

Tu te sens l'âme de naturaliste, tu as envie d'observer un chat sur le terrain ? Alors voici quelques astuces pour lui faire accepter ta présence : ne t'approche pas trop près ; ne fais pas de mouvements brusques ; ne le fixe pas dans les yeux ; tâche de rester silenceux.

Comme chien et chat

Un chien, un cheval, un lapin… Quels que soient les autres élus de ton « arche de Noé » personnelle, le principe reste le même : plus ton chat aura été habitué jeune à fréquenter d'autres animaux, plus ils auront de chances de s'entendre. Ou au moins de se supporter, car il faut aussi tenir compte du caractère de chacun !

Animal protecteur par nature, le chien se considère comme le gardien du foyer, et défendra volontiers le chat de la famille. L'inverse peut aussi être vrai, même si c'est beaucoup plus rare !

PAS DE PRÉCIPITATION !

Si tu possèdes déjà un chien adulte qui a l'habitude d'attaquer les chats, mieux vaut renoncer à en adopter un. Dans le cas inverse, si ton chat se méfie des chiens, tu peux tenter quand même l'expérience en ne forçant surtout jamais 2 animaux étrangers à entrer en contact : laisse-les faire à leur rythme.

L'ami numéro 1

« S'entendre comme chien et chat », selon le vieux dicton, signifie se vouer une haine farouche. Mais cela remonte à l'époque où les animaux errants se disputaient nourriture et territoire. Quand tout le monde est bien nourri, la tolérance s'élargit. Ainsi, on connaît d'innombrables cas de chiens et de chats élevés dans la même maison qui dorment ensemble et partagent la même écuelle.

Sacré bocal

Plus passionnant que toutes les télévisions du monde.

Ton chat pourra rester des heures à contempler un aquarium, mais il ne plongera qu'exceptionnellement sa patte dans l'eau, sans réussir en général à attraper aucun poisson. Mieux vaut pourtant choisir un aquarium de grande taille, jamais posé sur le rebord d'une table ou d'un meuble. Sinon, un chat trop malin pourrait le renverser ou le faire tomber, pour croquer ensuite ce qu'il considérerait logiquement comme « ses » proies bien méritées !

« J'ai cru voir un gros minet ! »

L'instinct d'abord

Oiseaux, hamsters, souris, lapins : avec les petits animaux qui constituent pour ton chat des proies potentielles, la situation se complique. Il reste un prédateur, et son instinct le poussera à tuer, même s'il n'a jamais chassé. Garde hors de sa portée les cages de tes petits protégés, pour leur éviter de voir un jour une patte aux griffes acérées se faufiler entre les barreaux. Si par malheur cela se produisait, inutile de réprimander ton chat : il est impossible de l'empêcher d'accomplir les actes qui lui permettent de survivre dans la nature.

GÉANT, LE COPAIN !

La vie n'est pas toujours faite de prédation et de guerre : dans la nature, de nombreux animaux éprouvent réconfort et sécurité (et pourquoi pas du plaisir ?) à se trouver en compagnie d'autres espèces.

GARE À LA MÈRE

Le chat n'attaque en général jamais le premier. Il cherchera plutôt à s'enfuir vers un endroit inaccessible. Seule exception à la règle : une mère défendant ses petits. Son instinct de protection peut se changer parfois en agressivité. On a observé en Alsace 2 chattes se liguer contre un loup !

Rêves de chat

Le réveil vient de sonner ? Ton chat miaule déjà dans l'attente du petit-déjeuner. Mais dès que tu seras parti pour l'école, il se rendormira sans remords. De tous les mammifères, le chat est l'un des plus gros dormeurs : il y consacre les 2/3 de son existence !

Petite sieste...

Où qu'il soit perché, et quelle que soit sa posture, ton chat somnole doucement, tout en demeurant attentif à ce qui l'entoure. C'est le « sommeil léger », qui peut n'être qu'un simple moment de repos entre 2 activités, ou se prolonger au contraire par l'assoupissement, pour lequel l'animal cherchera d'abord une position plus confortable, un « cocon » bien chaud et douillet.

Mieux que le fameux lion de la Metro Goldwyn Mayer, c'est ton chat qui bâille, au moins 50 fois par jour !

Et gros dodo

Le sommeil se divise en 2 phases. Tout d'abord le « sommeil profond » (ou sommeil lent), pendant lequel le chat ne bouge que les muscles des yeux et l'extrémité des membres. Puis le « sommeil onirique » (ou sommeil paradoxal). C'est la période où survient le rêve, marquée par de petits frissons, des mouvements des pattes, des frémissements des lèvres et un total relâchement des muscles du cou. Son activité cérébrale est aussi intense que celle d'un chat éveillé !

La chaleur, la sécurité et un estomac plein feront s'endormir n'importe quel chat à n'importe quel moment !

Le chat semble distinguer des choses invisibles à nos yeux.

Où suis-je ?

Ne réveille jamais brusquement un chat ! Dans le meilleur des cas, il se contentera de te regarder avec un air ahuri, comme évadé d'un autre monde. Ou alors, emporté par la force de ses rêves, il pourra aussi bien te griffer ou te mordre.

À quoi rêve-t-il ?

Impossible, bien sûr, de répondre à cette question ! Ce que l'on sait en revanche, c'est que le chat adulte rêve en moyenne 4 heures par jour, soit environ 3 fois plus que l'homme. Mais, à en juger par ses réactions, ce pourrait bien être des scènes de chasse, de jeu ou de bagarre. Des rêves de chats, quoi...

En dormant ensemble, les chats échangent aussi leur « signature d'odeur ».

Lit commun

Quand ils s'entendent bien, les chats adultes dorment volontiers ensemble, serrés l'un contre l'autre comme lorsqu'ils étaient chatons. Un moyen de se procurer mutuellement chaleur et sécurité.

Le réveil du roi

Après un bon somme, il faut remettre la « machine » en marche ! C'est pourquoi ton chat consacrera plusieurs minutes à s'étirer avec force bâillements. Les gestes sont réglés comme un ballet : il plante d'abord ses griffes dans le sol pour étirer ses pattes de devant, puis il cambre le dos, fait toute une série d'exercices qui se terminent par une sorte de pirouette. Enfin, il entreprend d'allonger une par une ses pattes postérieures. Un vrai « yoga » félin, qui a pour but de rétablir la circulation sanguine et de lui faire retrouver tous ses réflexes.

Les problèmes du chat

Pas si facile d'être « normal » pour un chat domestique : auprès de nous, le petit félin est privé du besoin de chasser, protégé des dangers, souvent même stérilisé. Aussi, s'il lui arrive parfois de mal se comporter, cherche d'abord à le comprendre !

Évite de laisser traîner des victuailles trop tentantes !

Il vole

Le « vol » n'en est pas vraiment un, dans l'esprit de ton chat. Pour lui, la nourriture appartient à celui qui la trouve : il ne s'agit là que d'une banale mesure de subsistance. Quand ce n'est pas la faim qui le pousse, c'est son instinct de chasseur. Même après son repas, tu le verras déployer toute sa ruse pour faire tomber le paquet de croquettes et en dérober 2 ou 3 !

Faut-il le punir ?

Même quand le chat commet une grosse bêtise, il ne faut jamais le frapper ni le menacer d'un objet quelconque. Essaie de te contrôler, car une réprimande démesurément amplifiée risquerait de le traumatiser. Selon les spécialistes, la seule punition efficace serait celle où il n'y aurait aucun rapport avec le maître. Par exemple, en l'arrosant avec un pistolet à eau, ou en lui lançant un objet (pas trop fort !) sans rien dire, au moment où il commet son méfait. Dans la pratique, le mieux est de crier « Non ! » sur un ton énergique, mais sans le menacer ni le poursuivre. Au bout d'une dizaine ou d'une quinzaine de fois, ton chat finira (enfin !) par se décider à agir différemment.

Il a envie d'être seul ? Laisse-le tranquille !

Il est agressif

Quand il réagit avec violence, c'est souvent que le chat se trouve acculé, ou qu'on l'a trop brutalement taquiné. Parfois aussi, un bruit ou une odeur suffiront à déclencher chez lui une réaction agressive : sans doute un mauvais souvenir d'enfance, qu'il aura irrémédiablement associé à cette odeur ou à ce bruit.

Dans certains cas extrêmes, on a vu des chats retourner leur agressivité contre eux-mêmes, en s'arrachant les poils, en se léchant la peau jusqu'au sang. Mieux vaut alors l'emmener chez le vétérinaire, qui cherchera la nature exacte du problème !

Prévois-lui plutôt un bon griffoir !

Le chat est sujet à de brusques paniques. Laisse-le se calmer tout seul !

Gare aux griffes

En lui proposant un vrai griffoir, il ne sera normalement pas (trop) difficile de limiter les dégâts de ton chat. Mais s'il se met à déchiqueter meubles et tapisseries, le message est clair : il se sent menacé et veut « marquer » son territoire.

Il est sale

Ton chat néglige sa toilette ? Cela peut arriver pour un mâle, en période de rut. Si cela persiste, parles-en à ton vétérinaire, car il est sans doute malade. S'il se met à uriner dans la maison, ce n'est pas forcément un problème de santé. Peut-être est-il perturbé par une situation de conflit (un déménagement ou l'arrivée d'un nouveau venu qui menace son territoire). Même si ce n'est pas facile, il faut être patient. Si tu le surprends sur le fait, lance-lui un objet en silence. Inutile de lui mettre « le nez dedans ». Nettoie l'endroit souillé et vaporise un déodorant pour éviter qu'il soit à nouveau incité par l'odeur.

Pas touche !

Tu es par exemple en train de passer l'aspirateur, et ton chat se croit menacé par l'objet effrayant. Surtout ne le touche pas à ce moment-là, il te grifferait jusqu'au sang ! Et inutile ensuite de te plaindre, car cette réaction normale fait partie de son système de défense.

SOIGNER
TON CHAT

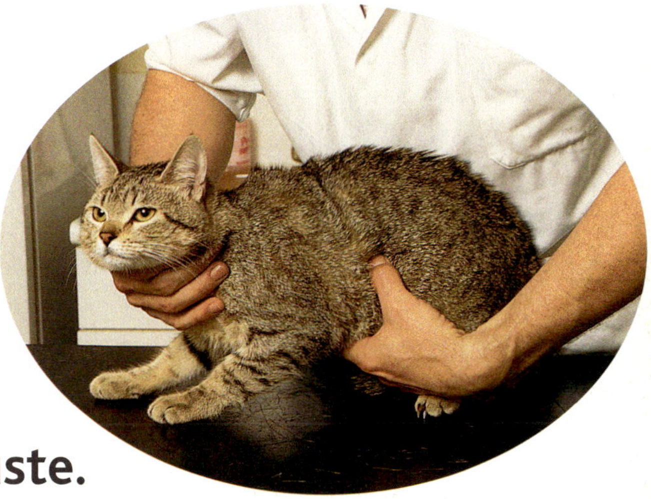

Quelle que soit sa race, ton chat est d'abord une formidable « machine à vivre » à la santé plutôt robuste. À toi, cependant, de lui offrir une nourriture équilibrée, de le toiletter quand il en a besoin, et de prendre certaines précautions simples. Mieux vaut prévenir que guérir !

Bien le nourrir

Tu veux garder ton chat en forme ? Assure-lui des repas suffisants et réguliers. Car même si son corps n'est pas bien gros, il a besoin de beaucoup de calories pour alimenter sa « chaudière » interne. Mais de toute façon, s'il a encore faim, il saura te le rappeler !

Le chat est d'abord carnivore : n'essaie jamais d'en faire un végétarien !

Bon appétit !

Le repas est un bon moment de la vie du chat. Après avoir longuement flairé les aliments, il mange avec précaution, les yeux mi-clos. Pas de doute, ce gourmet profite au maximum des 4 saveurs qu'il distingue !

Souris express

Couic ! Les petits rongeurs forment le régime traditionnel du chat. Avec sa mâchoire puissante, il déchiquette leur chair en gros morceaux qu'il avale sans les mâcher. Et quelle est la « composition » d'une souris ? Eau : 74 %, protéines : 14 % ; matières grasses : 10 % ; hydrate de carbone : 1 % ; sels minéraux : 1 %.

La souris : un véritable repas équilibré, et, en plus, on peut d'abord jouer avec !

Certains chats savent ouvrir un robinet... mais jamais le refermer !

Si tu n'as pas de jardin, offre à ton chat de l'herbe cultivée dans un pot.

Petit buveur

Beaucoup de gens s'étonnent : « Mon chat ne boit pas. » Pourtant, il absorbe chaque jour environ 5 % de son poids en eau, mais la trouve principalement dans la viande ou les aliments que tu lui donnes. Cela dit, laisse-lui toujours à proximité un bol d'eau fraîche. L'eau qui coule le fascine, il sait même parfois ouvrir le robinet ! Si tu as un jardin, tu le verras boire dans les flaques ou les bassins, où l'eau un peu croupie a pour lui bien meilleur goût !

DISCRÈTE MUTATION

Au contact de l'homme, le chat domestique a dû s'adapter à des aliments plus variés. Résultat, ses intestins se sont allongés, et mesurent 2 m de long, contre 1, 50 m pour ceux du chat sauvage (et 8 m chez l'homme !).

De quoi a-t-il besoin ?

Ton chat a besoin de protéines animales, elles comptent pour la moitié de son alimentation. On les trouve dans la viande, le poisson, les abats, le lait. Il lui faut aussi des matières grasses, riches en vitamines, en calcium et en phosphore et des glucides (légumes verts, céréales, riz très cuit). N'oublie pas le petit « plus » sous forme d'une cuillerée de levure de bière, d'huile et de compléments vitaminés. Pour un chat adulte de taille moyenne, prévois chaque jour 2 repas de 100 g composés comme suit : 50 g de viande, 20 g de riz, 20 g de légumes verts et 10 g de compléments.

Salade, s'il vous plaît !

De même que le lion broute parfois les herbes de la savane, ton chat a aussi besoin de verdure. Elle lui apporte des compléments nutritifs, et constitue une excellente purge qui nettoie bien les intestins.

Mille festins !

Tu souhaites varier ses menus ? Quelle bonne idée, dirait ton chat ! Alors, voici des conseils pour chaque groupe d'aliments, que tu mélangeras en menus bien équilibrés. Tiens compte aussi de ses préférences, ce qui ne veut pas dire céder à tous ses caprices.

La viande

Le chat aime toutes les viandes, mais tu la choisiras pas trop grasse (bœuf, cheval, volaille...). Elle peut être servie crue ou cuite, mais jamais bouillie. Coupe-la en petits morceaux que tu mélangeras avec le reste, pour l'empêcher de trier.

Le poisson

Le chat le flaire de très loin ! Mieux vaut ici aussi choisir une espèce « maigre » (lieu, cabillaud, raie...) plutôt que les maquereaux, sardines ou harengs. Le poisson doit être servi cuit, dépouillé de ses arêtes.

Les abats

Non, le mou (poumons) n'est pas un aliment idéal ! Pauvre en calories, il est aussi assez mal équilibré. Mais le chat apprécie aussi beaucoup tous les autres abats. Tu pourras lui donner des tripes coupées en morceaux, et du foie (bien cuit), mais jamais plus d'une fois par semaine.

Menus spéciaux

L'alimentation est la première des médecines ! Si ton chat a un problème (obésité, diabète, insuffisance rénale...), le vétérinaire t'indiquera le régime diététique précis à lui faire suivre, à préparer toi-même ou avec des aliments spéciaux du commerce.

ALIMENTS À ÉVITER

- Les oignons (crus ou cuits)
- La charcuterie (à cause des nitrites)
- Le chocolat (excitant)
- Les sauces (indigestes)
- Les épices (trop fortes)

Le fromage

Le chat adore le fromage (non fermenté), qui est en général bien accepté par son organisme. Comme c'est un aliment très gras et riche, tu ne lui en donneras qu'en petite quantité, accompagné d'un autre aliment plus léger.

Le lait

Riche en calcium, le lait de vache est un bon aliment. Mais il est souvent mal toléré, et provoque des diarrhées. Si c'est le cas, ne lui en sert plus pendant quelques jours, puis réessaye par petites quantités, en le coupant avec de l'eau.

Les légumes

Plus un chat est sédentaire, plus il a besoin de légumes verts pour lui faciliter digestion et transit intestinal. Tu les cuiras à l'eau ou à la vapeur, avant de les écraser en les mélangeant à de la viande ou du poisson. Sache aussi que de nombreux chats adorent les asperges !

Les céréales

Féculents et céréales sont précieux pour l'amidon qu'ils contiennent. Mais ne donne jamais de pommes de terre à ton chat ! Prépare-lui plutôt des pâtes et du riz très cuits (collants), ou des flocons d'avoine que tu mélangeras à la viande et aux légumes.

Les aliments industriels

3 chats sur 4 en consomment régulièrement : les aliments « en boîtes » sont aujourd'hui des mélanges rationnels et bien équilibrés, soumis à des contrôles stricts. Les meilleurs, bien sûr, sont aussi les plus chers, jusqu'à 15 € le kg ! Tu pourras les utiliser seuls, ou, mieux, en complément des pâtées « maison ». Un bon moyen de varier les menus de ton chat, qui aura souvent une préférence pour telle marque ou telle forme (boulettes, croquettes...). Il existe 3 grandes familles d'aliments industriels.

Les aliments humides : **(boîtes en métal, 70 à 80 % d'humidité). Composés de sous-produits animaux, souvent mélangés à des céréales, des légumes et à un composé vitamines-sels minéraux. Regarde bien l'étiquette !**

Les aliments demi-secs : **(emballages souples, 30 à 50 % d'humidité). Ces semi-conserves doivent souvent être gardées au frais. Moelleux sous la dent, ils ont aussi l'avantage de ne pas se dessécher trop vite dans l'assiette.**

Les aliments secs : **(croquettes, 10 à 15 % d'humidité). Ils sont composés de farines animales (viande ou poisson) et végétales, auxquelles on ajoute des vitamines. Le chat les adore, mais n'oublie pas de lui remplir aussi son bol d'eau fraîche !**

Comme un sou neuf

Même s'il est très propre, un petit « coup de pouce » ne sera jamais inutile à ton chat. Familiarise-le très tôt avec les soins de toilette, par exemple en le brossant un peu chaque jour. Si tu t'y prends doucement, il aura vite fait d'associer tes gestes à un moment agréable.

Admire la prouesse : il réussit à atteindre les endroits les plus reculés sans (presque) jamais perdre son élégance !

À poil long...

Pour celui-ci, prévois un minimum de 2 séances par semaine. Tu commenceras par débarrasser son pelage des poils morts, en le peignant à rebrousse-poil avec un peigne à dents fines et rapprochées. Tu achèveras la toilette par un brossage rapide, dans le sens du poil, avec une brosse douce pour enfants. Ne laisse jamais les nœuds s'accumuler : au bout de quelques semaines, ils formeraient une « bourre » épaisse que tu serais obligé de tondre !

... ou à poil court ?

Il réclamera moins d'entretien, mais il ne sera pas inutile de le peigner 1 ou 2 fois par mois avec un peigne à dents serrées. Aux changements de saisons, n'hésite pas à le brosser pour éviter à ta maison d'être envahie de milliers de poils.

Boules de poils

En se léchant, le chat avale toujours quelques poils. Il se forme alors dans son estomac des boules de fourrure appelées « bézoards », qu'il réussira le plus souvent à vomir. Mais dans le cas d'un chat à poil long, ces boules trop volumineuses peuvent provoquer des troubles digestifs graves. Pour éviter cela, ajoute de temps en temps dans sa nourriture une cuillerée d'huile de vaseline.

Le chat doit avoir « son » matériel que tu rangeras à part.

LES OREILLES

Secs et roses, voilà comment doivent apparaître ses pavillons d'oreilles. Si tu y vois des traces de cérumen (de couleur dorée), nettoie-les avec un Coton-Tige imprégné d'alcool ou d'eau tiède.

Attention, pas trop profond pour ne pas le blesser !

LES YEUX

Au coin des yeux, s'accumulent des sécrétions séchées, qui peuvent finir par tâcher le poil. De temps en temps, tu les lui enlèveras délicatement avec un tampon de coton imbibé d'eau tiède, en partant du bord du nez vers l'extérieur.

Plus doux seront les gestes, plus confiant sera le chat.

Si la baignoire l'effraye, place-le dans une cuvette au fond de laquelle tu auras mis un vieux tissu.

Au bain !

Ton chat est taché de graisse ou de boue ? Il faut lui faire prendre un bain. Fais-toi aider d'une personne qui le maintiendra doucement mais fermement. L'eau doit être tiède (32 °C), sans jamais dépasser le haut de ses pattes. Pour le nettoyer, utilise un shampooing antiparasitaire ou un produit pour bébé qui n'irrite pas les yeux. Rince ton chat abondamment, sans oublier la tête, avec la douche réglée à faible débit. Sèche-le en frottant doucement. Tu peux essayer le sèche-cheveux, mais pas trop près, et sans jamais insister si l'objet lui fait peur. Enfin, sois sûr d'une chose : à peine libéré, il se toilettera furieusement pour effacer toutes ces odeurs.

TRUCS À SAVOIR

Les dents

Pour éviter qu'elles ne s'entartrent trop vite, donne-lui souvent à croquer des aliments durs : croquettes, os.

Les griffes

Ne les lui fais jamais enlever, c'est un acte stupide et barbare ! Si ton chat fait vraiment beaucoup de dégâts, tu demanderas au vétérinaire de t'apprendre à lui couper le bout des griffes avec un coupe-ongles spécial.

Les glandes anales

Si ton chat se frotte l'arrière-train sur le sol, cela peut indiquer un engorgement des glandes anales. Avec un mouchoir en papier, presse doucement de chaque côté de l'anus pour le soulager.

Gare aux parasites !

C'est une loi de la nature : les plus petits profitent des plus gros. Ton chat constitue donc un « hôte » idéal pour une myriade de minuscules parasites. Vus de près, ils sont affreux, mais pas de panique : la plupart se combattent assez facilement.

Parasites internes

Aucun chat n'échappe aux vers, il n'est même pas rare d'en voir cohabiter plusieurs espèces à la fois ! C'est pourquoi un vermifuge s'impose au moins 2 fois par an pour un animal adulte, quel que soit son mode de vie. Surtout que les vers sont souvent très discrets, et ne peuvent se déceler qu'à l'examen attentif des selles.

Les ascaridés

Longs et minces, ces vers infecteraient 1 chat sur 5 dans le monde ! Provoquant diarrhées et vomissements, ils se fixent dans l'intestin grêle pour y puiser directement leur nourriture, et y pondre leurs œufs qui se répandront par les excréments, voire même par le lait de la mère.

Les ténias

Ces vers peuvent atteindre 60 cm de long, mais sont souvent très bien supportés par le chat, qui tout au plus se lèchera fréquemment la région anale. Seul indice visible : dans les selles de ton chat, tu remarqueras de petits anneaux en forme de « grains de riz » blancs.

QUEL DANGER POUR L'HOMME ?

On appelle « zoonoses » les maladies transmissibles à l'homme. La liste peut sembler effrayante : en plus des parasites divers, on trouve aussi la pasteurellose, la tuberculose et même la rage, qui peut être mortelle. Cela dit, les cas dangereux restent très rares, surtout si ton chat reste à la maison. Évite en revanche de toucher un animal errant ainsi que de te faire lécher ou griffer par lui. Si cela se produisait quand même, et que ta blessure devienne rouge et gonflée, ou que des ganglions apparaissent, consulte un médecin sans attendre.

Parasites externes

Ceux-là, tu les remarqueras plus facilement, en caressant ton chat. Mais attention, ils sont robustes ! Pour en être complètement débarrassé, il te faudra désinfecter aussi tout son environnement habituel : couvertures, coussins, tapis, fauteuils.

Les puces

Tu les repéreras à leurs crottes, de minuscules points noirs disséminés sur son pelage, et à leurs traces de morsures qui peuvent parfois s'infecter.

N'oublie pas, de lui donner un vermifuge. Moins robuste qu'un adulte, le chaton a besoin d'être vermifugé toutes les 3 semaines.

Les poux

Ces « totos »-là, non transmissibles à l'homme, vivent principalement sur sa tête où ils se nourrissent de débris de peau. Le chat parasité devient nerveux, insomniaque, son poil s'ébouriffe. En plus du traitement, une bonne cure de vitamines protégera ton chat contre ces parasites.

Les gales

Ton chat a des taches cireuses, des croûtes grises sur la tête ? Attention, c'est sûrement une espèce de gale, des petits parasites très contagieux, dont les larves creusent des galeries sous la peau. Amène-le tout de suite chez le vétérinaire, qui identifiera le parasite précis et t'indiquera le moyen de l'éradiquer.

Les acariens

Il en existe 2 principales sortes. Les tiques, que ton chat récoltera parfois dans les herbes hautes, mais qui ne resteront jamais bien longtemps sur un animal aussi propre. Et les aoûtats (minuscules grains rouges), qui infestent les pelouses pendant l'été et se fixent aux endroits où la peau est plus fine : oreilles, ventre.

Les teignes

Ton chat devient « chauve » par petites plaques, son poil est terne et cassant, ou simplement recouvert de pellicules ? Il a sûrement des teignes, qui sont de minuscules champignons vivant dans le poil (et non sur la peau). Ici aussi, tu consulteras le vétérinaire, qui prescrira souvent un traitement interne en plus des pommades à appliquer sur la peau.

Maladies et remèdes

Ton chat est malade ? Sa première réaction sera d'essayer de le dissimuler, de se replier sur lui-même. Alors, à toi de le surveiller au fil des jours, sans hésiter s'il le faut à consulter le vétérinaire : lui seul saura identifier précisément une maladie et prescrire les bons remèdes.

Son médecin à lui

Le spécialiste de la santé de ton chat, c'est le vétérinaire. Ne te passe jamais de ses conseils en cas de besoin, et surtout, n'essaie jamais de soigner toi-même ton copain avec des médicaments destinés à l'homme : tu pourrais le rendre encore plus malade !

Quels symptômes ?

Parfois, tu verras ton chat faire la diète pendant une journée, ou se gaver d'herbe jusqu'à vomir. Ne t'inquiète pas : il se purge et soigne ses petits tracas intestinaux. En revanche, s'il refuse de manger pendant plusieurs jours, s'il modifie brusquement ses habitudes, devient turbulent et nerveux, méfie-toi, car ce sont souvent les premiers symptômes d'une maladie. Il en existe encore quelques autres, dont voici les principaux.

Il respire mal.

Sa respiration est normalement imperceptible. Si elle semble difficile ou devient sifflante, emmène-le chez le vétérinaire. Son pouls, quant à lui, ne doit pas dépasser 30 pulsations par minute au repos.

Signal d'alarme

Parfois, quand ton chat ne se sent pas bien, ses yeux se voilent de la « paupière nictitante ». C'est une membrane blanchâtre bordée de noir, repliée en temps normal dans l'angle interne de l'œil. Un signal très impressionnant, qui disparaîtra sitôt le mal traité !

Il a du mal à faire ses besoins. Ton chat est constipé ?

Essaie d'abord un laxatif conseillé par le pharmacien. S'il semble avoir du mal à uriner, en revanche, cela peut être très grave : emmène-le d'urgence chez le vétérinaire.

Il a des boules sous la peau.

En le caressant, tu sens une grosseur suspecte ? N'attends pas non plus pour le faire examiner : si c'était une tumeur, il faudrait agir très vite.

Il a la diarrhée.

Vérifie d'abord dans ses déjections que ton chat n'ait pas de vers. Essaie d'abord un produit de la pharmacie, et inquiète-toi si les symptômes se prolongent plusieurs jours.

Il a mauvaise haleine.
Cela peut être dû à des dents cariées, ou encore à des troubles rénaux. Dans les deux cas, une visite chez le vétérinaire s'impose.

Il tousse, éternue.
Attention, ne le prends pas à la légère ! Un simple rhume peut être très dangereux pour le chat. Dès les premiers symptômes, demande au vétérinaire ou au pharmacien un remède.

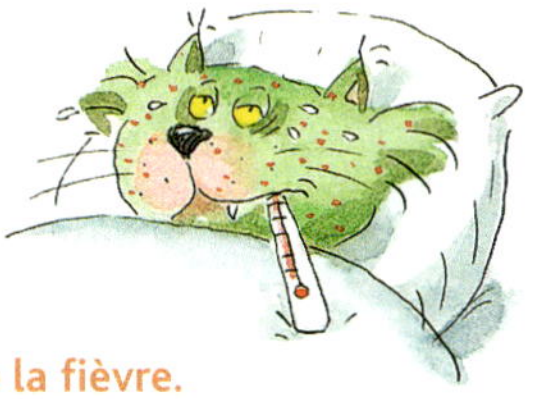

Il a de la fièvre.
la température du chat se situe normalement entre 38 °C et 39 °C. Méfie-toi d'une fièvre supérieure à 40 °C, mais aussi d'une température trop basse, qui pourrait indiquer un grave trouble interne.

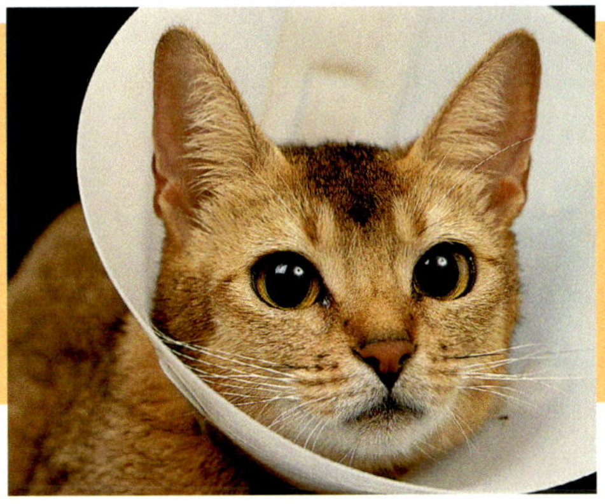

Tête d'entonnoir !

S'il faut absolument éviter qu'il touche à son pansement ou à sa plaie, tu n'as pas le choix : accroche autour du cou de ton chat une collerette de plastique ou de carton (appelée aussi « collier élizabethain »). Agaçant, mais efficace !

Comment le soigner ?

Pas toujours facile de donner un médicament à un chat ! Voici comment t'y prendre, avec un peu de tendresse et des gestes sûrs.

Comprimé : essaie de le cacher dans une boulette de viande. Sinon, ouvre-lui la bouche en appuyant doucement avec le pouce et l'index de chaque côté de la commissure des lèvres. Place le comprimé aussi loin que possible, puis referme-lui la bouche.

Liquide : il ne veut pas boire son médicament ? Utilise un stilligoutte ou une seringue (sans aiguille !) que tu introduiras entre ses dents, en tenant sa tête légèrement inclinée vers le haut. Puis verse doucement le liquide, qui coulera tout seul.

Ne cherche jamais à ouvrir complètement la bouche du chat : cela le ferait tousser ou vomir.

En cas d'accident

Aïïïe ! Tout s'est passé t personne n'a rien pu fai À présent, ton chat bles réclame une aide d'urgence. En souhaitant que cette situation ne t'arrive jamais, voici tout de même quelques bons conseils de « secourisme félin », à lire et à retenir.

EN CAS D'URGENCE

Le garrot (cravate, ceinture, bouts de torchon) arrêtera l'hémorragie. Glisse un crayon sous le premier nœud, puis tourne-le pour resserrer le garrot. Bloque ensuite le crayon avec un autre nœud, un peu plus haut. Ne le laisse jamais plus d'une heure.

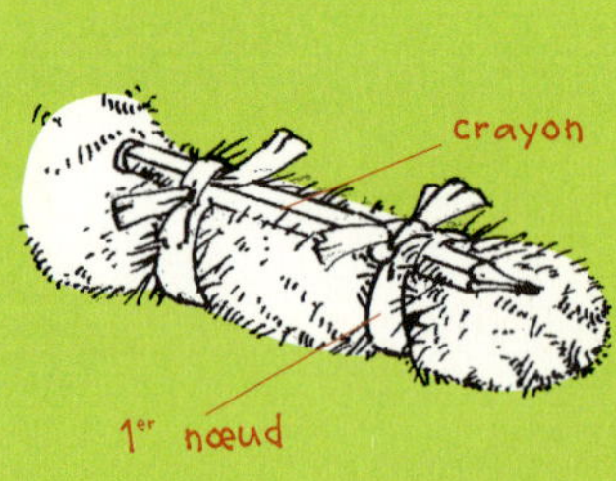

L'attelle (une planchette ficelée autour du membre) immobilisera provisoirement un membre fracturé.

Blessure

Si la plaie est petite, nettoie-la doucement avec un coton imprégné d'eau tiède et d'un désinfectant léger (type Mercryl). Coupe aux ciseaux les quelques poils qui l'entourent, avant de protéger la zone par un pansement que tu changeras tous les jours. Pour une blessure large et profonde, tu ne pourras rien faire. Si elle saigne beaucoup, maintient dessus des compresses, et emmène ton chat chez le vétérinaire qui lui fera des points de suture.

Chutes, collisions

Qu'il soit tombé par la fenêtre ou qu'une voiture l'ait heurté, ton chat gît sur le sol, avec peut-être des lésions internes. Parle-lui doucement pour le rassurer, puis enveloppe-le d'une couverture en ne laissant que la tête dépasser, et en le manipulant le moins possible. Place-le dans un panier avant de filer à la clinique vétérinaire.

LE PLEIN D'ÉNERGIE

Il court, saute, bondit, joue pendant des heures. Rien d'étonnant : dans son petit corps, ton chat possède une impressionnante réserve d'énergie. En 1996 à Marseille, après l'explosion d'un immeuble, on a retrouvé un chat enfoui sous les décombres, toujours vivant après 32 jours sans boire ni manger !

ATTENTION, POISON !

Voici 2 plantes courantes très toxiques pour le chat. Mais il pourra aussi parfois avaler un poison au goût agréable. Il se mettra à saliver, à vomir, à trembler, à avoir la diarrhée. Note la nature exacte du produit et téléphone immédiatement au centre antipoison (voir p. 204).

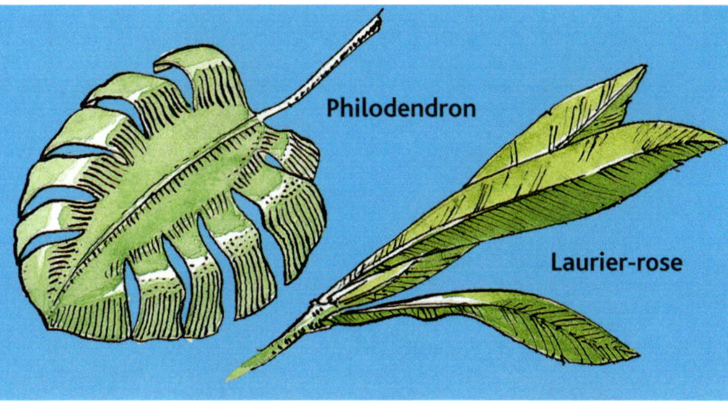

Morsures et piqûres

À chaque animal ses armes : ton chat en fera parfois la douloureuse expérience. À toi de l'aider à réparer les dégâts.

Chien

Si la blessure n'a pas besoin d'être suturée, nettoie-la simplement au savon et à l'eau tiède.

Rongeur

Fines et profondes, les morsures sont difficiles à localiser. Le principal risque est qu'il se forme ensuite un abcès, qui nécessiterait une piqûre d'antibiotiques.

Vipère

Deux petites piqûres rouges espacées de quelques millimètres, une blessure qui enfle presque immédiatement : il faut agir très vite ! Emmène ton chat chez le vétérinaire ou à la pharmacie la plus proche, sans le brusquer ni le faire marcher, pour lui faire injecter un sérum antivenimeux.

Insecte

En général, une compresse froide et une pommade suffiront à le calmer, et si l'aiguillon est resté planté dans la plaie, tu essaieras de l'enlever avec une pince à épiler. Mais, en cas de choc vraiment important, ou surtout si ton chat a été piqué à la gorge, conduis-le d'urgence chez le vétérinaire pour éviter les risques d'asphyxie ou d'arrêt cardiaque.

BRÛLURE

Quelle que soit la cause de la brûlure, la première chose à faire sera de l'arroser d'eau froide pendant plusieurs minutes. Ensuite, tout dépendra de sa gravité.

Premier degré : le poil est roussi, mais il reste en place. Tu passeras une pommade grasse sur la zone brûlée, en coupant quelques poils au besoin avant de la recouvrir par un pansement.

Deuxième degré : la peau est gonflée, les poils tombent, il se forme une croûte sèche et brune : mieux vaut l'emmener chez le vétérinaire, qui lui fera aussi une piqûre contre la douleur.

Troisième degré : c'est hélas souvent le cas avec de l'eau bouillante. Ici, la brûlure affecte toute l'épaisseur du derme, et des soins hospitaliers très importants seront nécessaires. Fais vite, c'est souvent une question d'heures !

Ton chat est âgé ? Sois d'autant plus doux et patient avec lui.

Le chat âgé

Dans la nature, l'espérance de vie d'un chat ne dépasse guère 7 ou 8 ans. Mais, auprès de nous, tout change, et ton copain atteindra facilement l'âge de 15 ou 20 ans. Même sa vieillesse sera plus douce, grâce à tes soins attentifs et aux progrès de la médecine.

À chacun sa vie

Il n'y a pas de secret : plus la vie du chat sera épuisante, moins elle sera longue. De nombreux autres facteurs entrent aussi en jeu, comme le sexe, l'alimentation, les habitudes de vie. Statistiquement, un animal « entier » vivant en liberté mourra plus tôt, tandis qu'un chat stérilisé, vivant dans un foyer, pourra battre des records de longévité.

Les années ont passé si vite...

Savoir le comprendre

En vieillissant, ton chat modifiera aussi son comportement. Ses sens s'affaibliront peu à peu, le conduisant à se replier sur lui-même. À toi de lui parler, de le stimuler pour éviter qu'il ne devienne « coupé du monde ». Attention aussi à ne pas mal interpréter ses réactions. S'il souffre des reins ou des articulations, une caresse trop brusque pourra lui faire mal et déclencher une réaction agressive.

Le chat âgé a horreur du changement. Évite d'introduire dans la maison un autre animal, cela lui serait très pénible.

Brusque déclin

Contrairement à l'homme qui décline doucement, le chat conservera longtemps la silhouette et la vigueur de sa jeunesse. Vers l'âge de 10 à 14 ans, les premiers symptômes du vieillissement apparaîtront : il pourra s'épaissir, ou parfois maigrir, son tonus et sa curiosité diminueront, il dormira davantage, son pelage deviendra rêche et commencera à se clairsemer. Son foie et ses reins fonctionneront moins bien, son transit intestinal deviendra paresseux.

Les derniers jours

Parvenu au bout de sa vie, le chat peut devenir aveugle, souffrir de difficultés respiratoires ou de diverses douleurs. Dans le meilleur des cas, il s'en ira doucement, une nuit, et tu retrouveras au matin son corps déjà froid.
Mais avant cela, s'il n'a plus de plaisir à vivre et qu'il n'y a aucun espoir d'améliorer son état, l'euthanasie pratiquée par le vétérinaire sera souvent un dernier geste d'amitié pour abréger ses souffrances.

Au cimetière d'Asnières-sur-Seine, reposent plus de 3 000 chats.

COMMENT LE NOURRIR ?

Le menu idéal d'un chat âgé ? Ce sera une soupe à base de légumes, dans laquelle tu ajouteras de petits morceaux de viande, de poisson ou de fromage doux. Ainsi, il absorbera assez de liquide pour lutter contre les problèmes de constipation, et n'aura pas besoin de trop mâcher, car ses dents sont souvent abîmées.

Adieu, l'ami

Malgré tous tes soins, il lui faudra bien disparaître un jour. Si tu as un jardin, peut-être souhaiteras-tu l'enterrer au pied d'un arbre. Creuse alors un trou profond (80 cm au moins) pour que sa dépouille ne puisse être découverte par un autre animal. Sinon, l'enlèvement de son corps sera effectué gratuitement par le service d'hygiène de la ville. Enfin, il existe aussi des cimetières spéciaux pour animaux.

QUEL ÂGE A TON CHAT ?

Non, il ne suffit pas de multiplier par 7 ! Le rythme de croissance du chat est en réalité très différent du nôtre. Pour t'y retrouver, voici un petit tableau pour convertir son âge réel en équivalent humain.

1 mois	6 mois	6 ans	43 ans
2 mois	10 mois	7 ans	45 ans
3 mois	2 ans	8 ans	50 ans
4 mois	5 ans	9 ans	55 ans
5 mois	8 ans	10 ans	60 ans
6 mois	14 ans	11 ans	62 ans
7 mois	15 ans	12 ans	65 ans
8 mois	16 ans	13 ans	68 ans
1 an	18 ans	14 ans	72 ans
2 ans	25 ans	15 ans	74 ans
3 ans	30 ans	16 ans	76 ans
4 ans	35 ans	17 ans	78 ans
5 ans	40 ans	18 ans	80 ans

Et si tu trouves sa vie vraiment trop courte, rien ne t'empêche d'espérer que le tien battra le record de longévité, aujourd'hui détenu par une chatte anglaise qui vécut pas moins de 34 ans !

LA REPRODUCTION

Quoi de plus mignon qu'une portée de chatons ? Tu aimerais peut-être que ta chatte ait des bébés. Rien de bien difficile à cela, car tous les félins sont aussi de grands amoureux. Il faudra que chacun trouve ensuite un foyer pour vivre, car tu ne voudrais surtout pas faire 5 ou 6 malheureux d'un coup.

L'amour bruyant

Mââââââooo ! Mâââââââââooo ! Qui n'a jamais été réveillé par l'appel rauque et interminable du chat en quête d'amour ? Comme tous les félins, il connaît une vie sexuelle intense, qui débutera dès l'âge de 6 à 10 mois pour la femelle, contre environ 18 mois chez le mâle.

Le seul moyen naturel de calmer une chatte : la laisser se faire féconder dès le début des chaleurs, qui disparaîtront alors en 2 jours. Seulement, il faudra ensuite en assumer les conséquences !

Ardente, la femelle

Ta chatte n'est pas stérilisée, tu ne lui donnes pas la « pilule » ? Tu la verras alors un beau jour creuser les flancs, se rouler au sol, se frotter contre tout ce qui passe. La période des chaleurs, appelée « œstrus », se produit 2 à 4 fois par an, et dure en moyenne de 8 à 20 jours. C'est toujours au printemps que la crise sera la plus forte, suivie par une longue pause estivale, puis une reprise d'intensité moyenne à l'automne et parfois en hiver.

LES 6 RÈGLES D'OR

Tu as décidé de faire faire des petits à ta chatte ? Alors, voici les grands principes respectés par tous les éleveurs.

- Les 2 chats doivent être vaccinés et en bonne santé.
- Ils doivent avoir atteint leur pleine maturité sexuelle : 18 mois pour la femelle et 2 ans pour le mâle. D'autre part, la femelle ne doit pas avoir plus de 8 ans.
- Avant d'être accouplée, la femelle doit avoir eu au moins 3 fois ses chaleurs.
- Mieux vaut ne pas accoupler un mâle inexpérimenté à une femelle inexpérimentée.
- Une femelle de petite taille ne doit jamais être saillie par un grand mâle.
- S'ils portent un pedigree, tous deux doivent appartenir à la même race.

Drôle de façon de faire sa cour !

Nerveux, le mâle

Si la femelle se fait douce et câline, le matou en rut devient irritable, perd l'appétit, fuit les caresses. Pire, il oublie les règles d'hygiène et arrose les recoins de ta maison d'une urine épaisse à l'odeur très forte, saturée d'hormones sexuelles. Il n'y a rien d'autre à faire que de le laisser sortir, en sachant qu'il ira vagabonder pendant plusieurs jours, fatigué, sale, affamé et souvent même blessé.

Que le meilleur se reproduise

À l'appel de la femelle, ce sont souvent de nombreux mâles qui accourent. L'occasion bien sûr d'interminables bagarres. Parfois, la femelle ne se laissera monter que par un seul d'entre eux, en général le plus fort. Mais très souvent, aussi, elle acceptera plusieurs partenaires à la suite. On dit alors qu'elle est « superféconde », car il arrivera que tous les chatons de la portée n'aient pas le même père !

Un acte rapide

La phase d'approche peut durer des heures. Mâle et femelle se jugent, se provoquent, échangent des miaulements et des coups de griffes. Enfin, la femelle se met en position, l'arrière-train levé, la queue tournée sur le côté. Le mâle monte sur son dos, et introduit en elle son pénis renforcé par un petit os allongé, appelé « baculum ». Puis la femelle pousse un cri aigu et se dégage violemment de l'étreinte. Pourquoi cette douleur ? L'extrémité du pénis est couverte de papilles cornées irritantes qui déclenchent l'ovulation. Ainsi, toutes les chances sont réunies pour faire aboutir l'union.

L'accouplement ne dure qu'une dizaine de secondes.

Paralysée !

Pendant la copulation, le chat saisit entre ses crocs la peau du cou de sa partenaire, déclenchant un réflexe qui la force à s'immobiliser quelques instants. Exactement comme elle le fera elle-même plus tard, pour transporter ses chatons dans sa gueule !

Vertige de chats

Protégé et nourri par l'homme, le chat domestique a connu un spectaculaire « boom » de natalité. Imaginons par exemple un couple de chats ayant 2 portées par an, avec chaque fois une moyenne de 2 à 8 chatons (qui deviendraient adultes à leur tour, et ainsi de suite). Au bout de 10 ans, on obtiendrait... 80 millions de chats !

La chatte « enceinte »

9 semaines et demie (ou plus précisément de 63 à 70 jours) : c'est le temps moyen de gestation chez la chatte. Ton rôle à toi, pendant cette période, sera de bien la nourrir, de veiller à sa bonne santé, et, surtout, de prodiguer ta tendresse sans compter : n'oublie pas qu'elle est désormais partagée en 5 ou 6 !

Pendant la dernière semaine de gestation, la chatte devient moins active.

Il vaut mieux la placer dans un endroit à l'abri des courants d'air.

Sages précautions

Dès que tu en es sûr, avertis ton vétérinaire, qui fera le point sur ses vaccins et en profitera en général pour lui prescrire un vermifuge approprié. Enfin, bien qu'elle ne soit pas particulièrement fragile, évite quand même de trop la bousculer, et laisse-la tranquille quand elle a envie d'être seule. Surtout, ne prends jamais l'initiative de lui donner un médicament, même si tu l'as déjà utilisé auparavant : certains antibiotiques pourraient par exemple provoquer de très graves malformations chez les chatons.

Quel régime ?

Ta chatte aura davantage d'appétit, mais inutile de la gaver ! Le 1er mois, veille à ce que sa nourriture soit saine et équilibrée, sans augmenter les proportions habituelles. À partir de la 5e semaine, augmente sa ration quotidienne de viande ou de poisson d'un bon tiers, tout en réduisant les féculents (riz, pâtes, céréales) au profit des laitages et du fromage, riches en calcium, précieux pour la formation des os des chatons. N'oublie pas les légumes bouillis qui favorisent digestion et transit. Pour éviter de surcharger l'abdomen, mieux vaut lui servir 2 repas bien espacés au cours de la journée. Enfin, si ta chatte semble constipée, ajoute à son assiette une petite cuillerée d'huile de paraffine.

Test infaillible

Il faudra attendre 20 jours après l'accouplement avant d'être sûr que la chatte est bien fécondée. Le premier indice ? Ses mamelles, habituellement blanches et à peine visibles, commenceront à rosir et à gonfler légèrement, tandis que le duvet qui les entoure deviendra plus clairsemé. Souvent, elle deviendra aussi plus câline, plus calme. Elle ne doit pas pour autant perdre sa joie de vivre, ni son sens parfait de l'hygiène, et encore moins son appétit. De ton côté, laisse-la circuler et jouer à sa guise : elle connaît ses possibilités et ses limites, et ne doit jamais être considérée comme une « malade » !

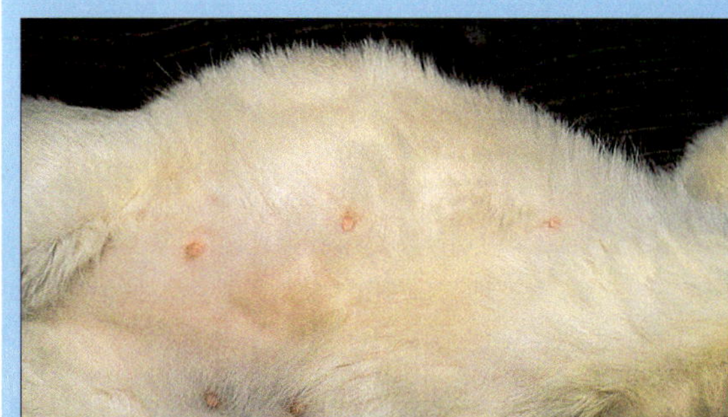

Son coin à elle

Dès la 6e semaine, pour qu'elle ait le temps de s'y habituer, tu lui prépareras une « maternité » dans un endroit chaud et tranquille. L'idéal sera par exemple un carton dans lequel tu feras une ouverture à 30 cm du sol, assez haute pour éviter que les chatons ne puissent l'escalader trop vite. Au fond, tu installeras une vieille couverture. Tu n'oublieras pas non plus d'approcher sa caisse à litière.

Un long travail

À partir du 60e jour, la mise bas devient imminente. Ta chatte se déplace avec difficulté, le ventre gonflé à craquer. Nerveuse, inquiète, elle flaire tous les recoins de la maison. Pourtant, ce qu'elle s'apprête à vivre, des millions de générations l'ont vécu avant elle.

Si tu as un jardin, évite de laisser sortir ta chatte les derniers jours de sa gestation. Elle pourrait se mettre en tête de mettre bas dans un coin secret, pour te ramener plus tard une portée de petits sauvageons !

Calme et douceur

Quelques heures avant de mettre bas, sa température baisse de 1 à 2 °C. La chatte pousse alors de drôles de petits miaulements, et se lèche les parties génitales, devenues rouges et dilatées. Caresse-la doucement et ramène-la à son panier si elle cherche une autre cachette. Ensuite, laisse-la tranquille, à moins qu'elle ne semble vraiment réclamer ta présence.

Combien de chatons ?

La chatte met au monde 4 ou 5 jeunes en moyenne, mais il pourra parfois y en avoir un seul ou jusqu'à 12, le record connu à ce jour !

Le liquide de vie

À peine venus au monde, les chatons se mettent à chercher instinctivement un téton. Et comme la nature a tout prévu, le premier lait sécrété par les mamelles est infiniment précieux : appelé « colostrum », il contient tous les anticorps nécessaires pour aider le nouveau-né à lutter contre les maladies infantiles.

L'un après l'autre

Le moment venu, la chatte se met en position allongée ou accroupie. Les chatons sortiront un par un, avec 15 à 45 minutes d'intervalle. Chacun est enveloppé dans sa poche amniotique contenant le placenta. La mère le dégage de la poche, le nettoie pour stimuler sa respiration. Il ne tarde pas à remuer et pousse son premier couinement. Elle le sèche, dévore le placenta et le cordon ombilical. Enfin, elle essaiera de se reposer quelques instants, avant de tout recommencer avec le prochain !

Une mère en or

« *Jamais chatte qui a des petits n'a de bons morceaux* », dit le proverbe. Il suffit d'observer une mère avec ses petits pour constater combien elle leur est dévouée et prendra soin d'eux jusqu'à ce qu'ils soient en âge de se débrouiller seuls. Après quoi elle les chassera sans émotion, pour faire place à la portée suivante !

En cas d'urgence

Il arrivera parfois que 2 chatons naissent en même temps, et la chatte en négligera un. À toi alors de déchirer la poche placentaire qui l'entoure, et de le sécher avec une serviette. Le cordon ombilical sera ligaturé à 2 cm du nombril, et coupé au-delà du nœud avec les ciseaux. Puis, tu réchaufferas le bébé avec une bouillotte avant de le rendre à sa mère. Tout cela reste très rare !

Le temps du repos

La mise bas achevée, la chatte lèche ses chatons, échangeant ainsi avec eux la « carte d'identité » odorante. De même, elle absorbera aussi leurs premières selles, pour activer le processus de transit. De ton côté, tu pourras avec précaution déplacer doucement la portée, et glisser un linge propre en dessous.

Après la mise bas, pense à laisser un bol d'eau fraîche à proximité de la mère.

Les chatons grandissent très vite : chaque matin, tu trouveras les petits diablotins plus vifs et plus costauds que la veille.

Les bébés chats

Comme la plupart des mammifères, les chatons naissent pratiquement sans défense. Aveugles et sourds, leur monde se limitera d'abord au giron d'une mère infiniment attentive. Du lait, des soins et de la chaleur : rien de tel pour faire de lui en quelques semaines un petit félin autonome !

Super-maman

Les autres animaux le savent bien : mieux vaut ne jamais approcher une chatte et ses petits. Les 15 premiers jours, elle restera en permanence auprès d'eux, ne s'échappant que pour s'alimenter et faire ses besoins. Les petits passeront 90 % de leur temps à dormir. Même si tu en as envie, ne les réveille pas pour rien ! Évite aussi que trop de personnes ne les manipulent, pour ne pas perturber leur reconnaissance olfactive par la mère.

QUEL POIDS ?

- Naissance : 75 à 140 g.
- 0 à 7 jours : 90 à 220 g.
- 7 à 14 jours : 130 à 280 g.
- 14 à 28 jours : 200 à 420 g.
- 1 à 2 mois : 200 à 650 g.
- 2 à 3 mois : 600 g à 1 kg.

Au bon lait

Bien nourrie, une chatte pourra allaiter jusqu'à 5 chatons pendant 40 à 60 jours. Ils ne se chamailleront jamais pour accéder aux mamelles : dès le 1er jour, chacun « possède » la sienne qu'il reconnaît à l'odeur. Ton rôle sera de veiller sur la mère en lui donnant chaque jour 3 repas généreux et variés : viande, poisson, fromage, jaune d'œuf, légumes, mais aussi des bouillons, du lait et des potages favorisant la production de lait.

SOS biberon

Ta chatte n'a plus d'appétit, les chatons affamés poussent des piaillements ? Vérifie alors l'état des mamelles : si elles sont dures et chaudes, c'est le signe d'une inflammation. Appelle tout de suite le vétérinaire qui lui prescrira des antibiotiques. Quant à toi, tu devras nourrir les chatons au biberon, avec un lait maternisé spécial, vendu en pharmacie.

Attention, le chaton ne digère pas le lait de vache !

Les étapes de la croissance

0 à 7 jours

Encore aveugle, le chaton commence à peine à entendre. Son univers est délimité par les pattes de sa mère. Son odorat, en revanche, est déjà bien développé, et il sait distinguer un liquide salé d'un autre insipide.

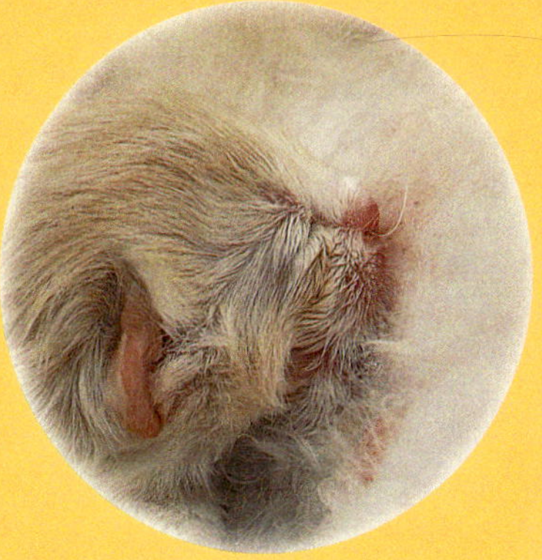

8 à 14 jours

Les yeux du chaton s'ouvrent vers le 8e jour. Ils sont bleu-gris, quelle que soit leur couleur future. Le chaton entend déjà bien mieux, commence à distinguer les formes. Il essaie de se dresser sur ses pattes, sans y parvenir encore.

15 à 21 jours

Le chaton réussit à tenir sur ses pattes. Il apprend à s'asseoir et à coordonner ses mouvements. Il commence à s'aventurer hors du nid. Il voit déjà bien mieux, tandis que la couleur de son iris commence déjà à changer.

22 à 30 jours

Le chaton est déjà grand. Il suit sa mère jusqu'au bac à litière, ébauche ses premiers gestes de toilette, joue avec ses frères et sœurs, saisit des objets entre ses pattes. Il tète encore sa mère, mais vers le 30e jour, vient aussi le moment pour lui d'avaler sa première nourriture solide. Désormais, il entre dans l'« adolescence ».

Boules d'énergie

À 6 semaines, le chaton est déjà un être autonome. Et incroyablement vif ! Tout ce qui bouge l'attire, tous les bruits l'excitent. Mais il lui reste encore à acquérir de la force, et de la confiance pour explorer le monde de plus en plus loin.

Même s'il ne tète plus, le chaton devra rester auprès de sa mère jusqu'à l'âge de 8 ou 10 semaines.

Taxi-maman

Quand les petits atteignent l'âge de 3 semaines, la chatte les transporte souvent dans un nouveau nid. Une vieille réminiscence de ses instincts sauvages : alors que le 1er nid servait à protéger ces créatures fragiles des prédateurs, le 2e sera une base pour leur apprendre à chasser.

Un menu qui évolue

Le sevrage du chaton commencera vers la 3e ou 4e semaine. C'est en voyant leur mère laper du lait que les jeunes l'imiteront. Peu à peu, tu ajouteras au lait un jaune d'œuf, un peu de farine, de la bouillie pour bébés. Tu pourras leur donner aussi des aliments en conserve ou, mieux encore, alterner les 2 types d'aliments. Le principal, c'est de ne jamais imposer un changement brutal, sous peine de troubles digestifs.

Assez tété !

Tout au long du 2e mois, ils s'habitueront à la nourriture solide, tout en continuant à téter leur mère. Vers la 8e semaine, celle-ci leur refusera ses mamelles et les repoussera sans ménagement, malgré leurs cris pitoyables (qui ne dureront d'ailleurs pas si longtemps !).

Les chatons sont des gloutons !

Après le sevrage, donne-leur 4 petits repas répartis au cours de la journée : 2 à base de laitage et 2 à base de viande, de poisson, de légumes ou de conserves. À partir de 5 mois, 3 repas suffiront, mais toujours servis à heures régulières.

Petit à petit, les chatons se familiariseront avec les bruits, les odeurs et le va-et-vient d'une maison.

VERS L'ÂGE ADULTE

La tête du chaton grossit moins vite que le reste du corps. À 3 mois, ses yeux ont leur couleur définitive, et son cerveau est entièrement développé à 5 mois. À la même période, les jeunes mâles osent revendiquer un territoire bien à eux, ce qui marque leur entrée dans l'âge adulte. Ils sont prêts à se battre pour le conquérir et même s'ils n'ont pas encore atteint la maturité sexuelle, font volontiers « le beau » devant les femelles.

Habitués à l'homme dès leur naissance, les chatons ne deviendront jamais « sauvages ».

Quand le donner ?

Même s'il ne tète plus, le chaton devra rester auprès de sa mère jusqu'à l'âge de 8 ou 10 semaines, pour lui éviter d'être perturbé plus tard. Il doit être joueur, pas farouche, et bien habitué à la présence humaine. Évite les adieux déchirants : tu emmèneras au contraire le petit pendant que sa mère est sortie. Il aura besoin de 2 jours pour oublier son « chagrin » d'avoir été séparé de sa mère, mais aussi de ses frères et sœurs, qu'il oubliera pourtant ensuite pour toujours.

Les chatons chahuteurs sont supportés avec patience par la mère.

Le jeu de la vie

Pour le chaton, le monde n'est qu'un immense terrain de jeux. Et c'est en jouant qu'il apprendra tous les gestes et les attitudes de la vie. Dès son réveil, le charivari recommence, indispensable à son esprit comme à ses muscles.

Laisse-le jouer

Le chaton commence à jouer vers l'âge de 4 semaines. Sa démarche est encore hésitante, mais tous ses sens sont en éveil. Un rien le fera alors sursauter, et souvent même son ombre !
Mais très vite, minou prendra de l'assurance : il commencera à poursuivre un insecte, à saisir un objet avec ses pattes, à griffer un morceau de tissu, à te mordiller quand tu le taquines. Tous les chatons sont joueurs. Laisse-le s'amuser autant qu'il en a envie, en te contentant de dire « Non ! » d'une voix forte quand il commet une bêtise.

PETITS CHASSEURS SACHANT CHASSER

Dès le début du 2e mois, pour leur enseigner l'art de la chasse, la mère apportera parfois une proie vivante à ses petits. Au début, elle la pourchassera, l'immobilisera et la tuera devant eux, avant de les inviter à partager le festin. Puis elle les incitera à se débrouiller tout seuls. Devenu adulte, si le chat n'a pas l'occasion de chasser de vraies proies, il conservera plus longtemps le goût du jeu.

ATTENTION !

Au cours de ses premiers mois, le chaton voudra jouer avec tout ce qu'il voit, y compris les chiens, les voitures, les fils électriques et mille autres dangers potentiels. Pour la plupart, il apprendra vite à s'en méfier. Mais de ton côté, fais en sorte de le protéger de tous les dangers domestiques (brûlures, poisons, chutes...). Et prévois toujours le pire, car tu n'imagines pas toutes les bêtises qu'un chaton pourra inventer !

Effrayé, le chaton adopte sa posture d'« intimidation » : poil hérissé, dos rond, il sautille « en crabe », siffle et crache.

un oiseau

Autre grand classique, le bouchon suspendu à une ficelle. Ton chat, lui, imagine alors un oiseau cherchant à s'envoler. Il bondit aussitôt en l'air, pour frapper la « proie » et la serrer entre ses 2 pattes tendues en avant.

Et si c'était... une souris

Remue un simple bout de ficelle, et tu verras ton chat s'aplatir au sol, se ramasser sur lui-même, puis s'élancer d'un bond, toutes griffes dehors. Exactement comme avec les petits mammifères qu'il chasse à l'affût !

un poisson

Une boule de papier froissé ? Elle deviendra pour lui un poisson, et ton chat cherchera d'abord à l'« assommer », en la saisissant du bout des griffes, avant de la projeter violemment par-dessus son épaule.

Le jeu leur donne bon caractère et les habitue plus facilement à vivre en société.

Mieux vaut prévenir

Auprès de l'homme, le chat est devenu le plus prolifique des félidés. Notre devoir est d'éviter qu'il ne pullule ! La surpopulation féline peut menacer l'équilibre naturel de la faune. Mieux vaut faire stériliser ton chat pour lui éviter d'être un jour traqué comme un nuisible.

Au-delà de 6 chatons, ta chatte aura du mal à tous les nourrir, et risquera de s'épuiser. Mais, à l'opposé, 2 suffiront largement à son épanouissement maternel.

Faut-il les garder tous?

Personne n'aime tuer des chatons à la naissance. Certains le font quand même, en les noyant après les avoir endormis à l'éther. C'est aussi cruel qu'irresponsable ! Si ta chatte attend des petits, recherche tout de suite des personnes qui voudront bien les adopter plus tard. Place des annonces dans un journal gratuit et chez des vétérinaires, fais fonctionner le bouche à oreille... Au pire, adresse-toi à un refuge, qui pourra peut-être t'aider. Et surtout, réfléchis ensuite à une vraie méthode de contraception, en faisant par exemple stériliser ta chatte.

Non au trafic d'animaux !

Tes chats sont errants, tu les laisses librement se reproduire ? Sans le savoir, tu es peut-être pourvoyeur d'animaux de laboratoire. Triste vérité, régulièrement prouvée par la découverte de trafics d'animaux errants, capturés avant d'être revendus à des laboratoires peu regardants. Le seul moyen de lutter contre cet odieux trafic ? Ne pas laisser vagabonder ses chats, et surtout stériliser ceux qui ne sont pas destinés à se reproduire.

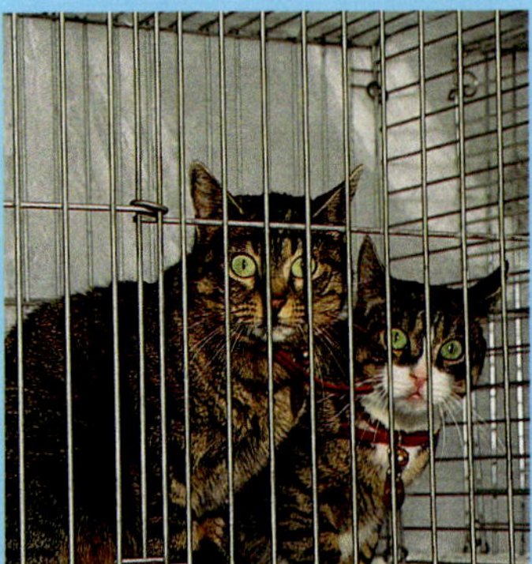

Vrai ou faux ?

Non, les chats castrés ne grossissent pas toujours. Ce qui est vrai en revanche, c'est qu'ils auront une tendance à compenser la perte de leur appétit sexuel par un appétit tout court ! À toi donc de ne pas céder à leurs caprices et de continuer à leur donner un menu normal. Le chat castré perdra aussi son comportement de marquage du territoire par son urine, et deviendra moins bagarreur. Mais tous continueront à jouer comme avant, et ne deviendront pas de « gros patapoufs » !

La femelle : plusieurs méthodes

Chimique

La « pilule » pour chattes existe sous plusieurs formes : il peut s'agir d'une injection tous les 4 à 6 mois, ou de comprimés plusieurs fois par mois. Mais c'est toujours une contraception assez lourde (elle « assomme » ta chatte), contraignante (il ne faut pas l'oublier !), et parfois même contre-indiquée. Dans tous les cas, amène toujours ta chatte chez le vétérinaire qui l'examinera et te prescrira le produit adapté.

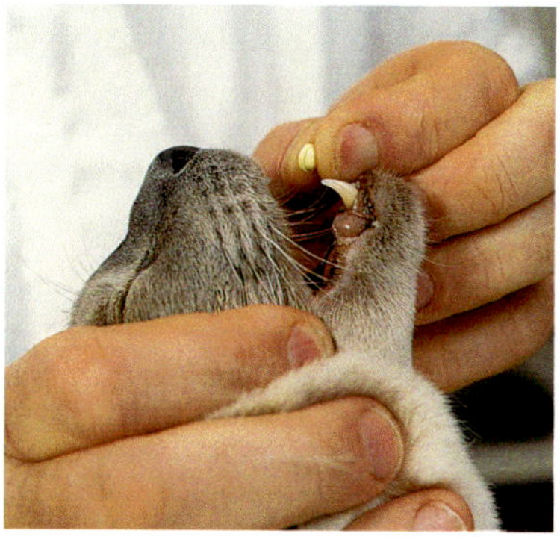

Pas toujours facile de lui donner la « pilule ».

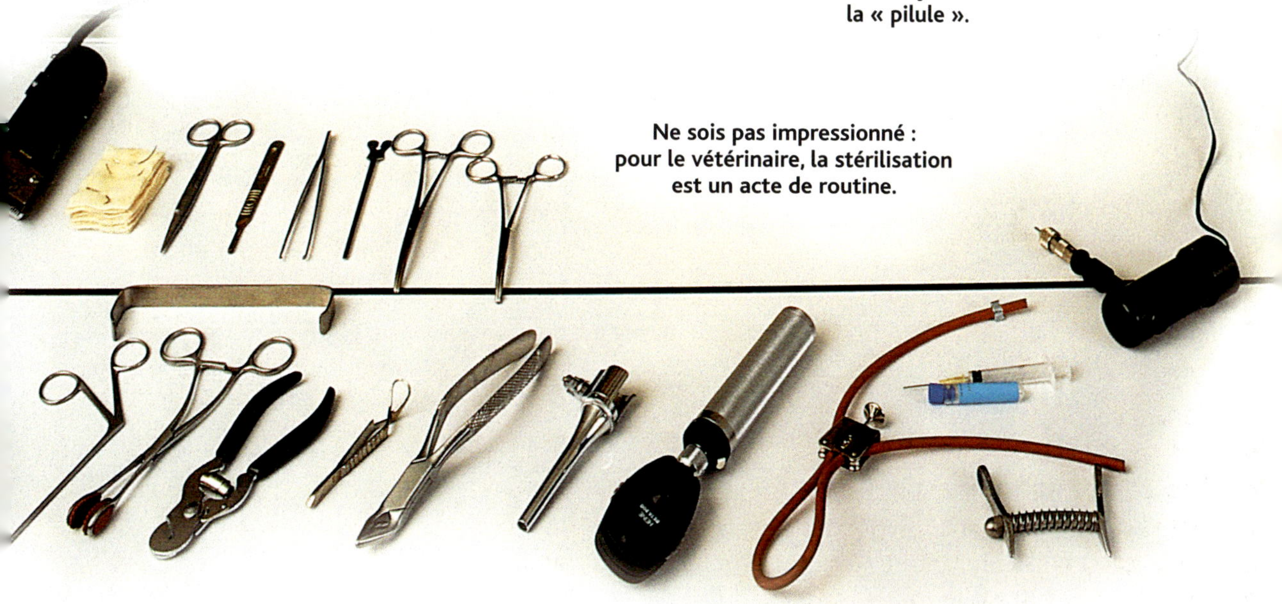

Ne sois pas impressionné : pour le vétérinaire, la stérilisation est un acte de routine.

Chirurgicale

La simple « ligature des trompes » n'est plus guère pratiquée : elle consiste à empêcher les ovules d'atteindre l'utérus, mais l'animal conserve un cycle sexuel normal avec ses chaleurs ! L'ovariectomie (ablation des ovaires et de l'utérus) est aujourd'hui bien plus courante. La chatte doit être opérée assez tôt, si possible à l'âge de 6 ou 7 mois. Cette intervention plutôt longue, mais sans danger, s'effectue sous anesthésie générale et fait partie de la routine chirugicale de ton vétérinaire.

Impressionnant, mais sans danger

Pour pratiquer une ovariectomie, le chirugien doit raser le poil de son ventre, et la cicatrice est plutôt large. Mais ne t'inquiète pas : la chatte se remettra incroyablement vite, et ses poils repousseront en quelques semaines.

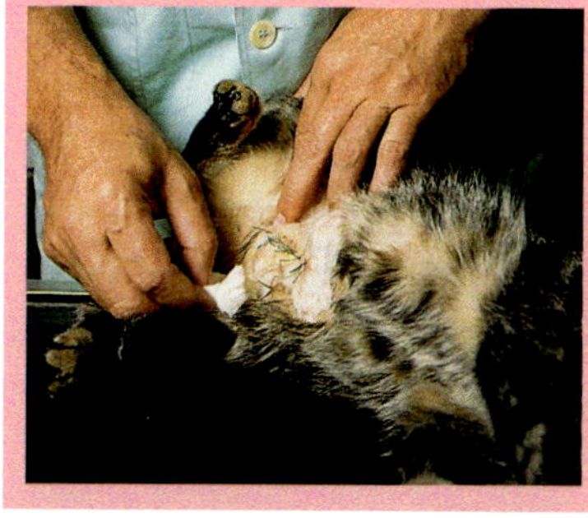

Le mâle : une seule solution

Chirurgicale

La castration du mâle (ablation des testicules) est une opération moins complexe que l'ovariectomie. Elle dure de 15 à 30 minutes environ, sous anesthésie générale. L'opération est généralement effectuée vers 8-10 mois, dès que les testicules sont bien apparents, mais il est possible de la pratiquer à n'importe quel âge.

BOUGER
AVEC TON CHAT

Ton chat ne se sent pas forcément l'âme d'un grand voyageur ! Au contraire, il devient vite casanier, déteste qu'on change ses habitudes et connaît souvent le mal des transports. Alors, une seule solution pour vous ménager une vie sans souci : l'habituer à bouger le plus tôt possible !

Le chat en ville

Pour la majorité des chats domestiques, la ville n'est surtout qu'une vaste inconnue de l'autre côté de la fenêtre. Chaque sortie sera pour eux un grand événement, balancés dans leur panier au long des rues grondantes, pleines d'odeurs et de bruits !

Même si ton chat est tatoué, fixe à son collier un message d'identité dans un petit cylindre de métal.

Vive la liberté

Tu habites en ville, mais ton chat peut quand même sortir sur les toits ou dans une cour ? Ne le prive surtout pas de ce bonheur, il ne risque pas de se perdre. Seules conditions impératives : il doit être tatoué, porter un collier et avoir tous ses vaccins à jour pour être sûr qu'il n'attrapera aucune maladie au contact d'autres chats.

Zones interdites

« Interdit aux chiens même tenus en laisse », lit-on souvent à l'entrée des squares. La limite est aussi valable pour ton chat, qui n'aura pas le droit en théorie d'entrer dans les magasins d'alimentation ni dans de nombreux lieux publics. Mais en réalité, s'il reste sagement dans son panier, il y aura souvent moyen de s'arranger.

MIEUX QU'UN COLLIER

Non, ce n'est pas ridicule de tenir un chat en laisse ! Surtout pendant un long voyage, car un animal nerveux et inquiet aura vite fait de s'échapper à la moindre occasion. Plutôt qu'un collier, choisis un harnais entourant sa poitrine, qui ne lui fera pas mal quand tu le retiens, et dont il ne pourra pas se défaire.

Dans les transports publics

À l'arrêt de bus.

Grâce à son petit gabarit, ton chat sera facilement accepté dans tous les transports en commun. À condition, bien sûr, qu'il soit placé dans un panier ou dans un sac. Et en plus, tu verras, ils seront nombreux à venir lui faire guili-guili ! Quant aux chauffeurs de taxi, ils ne sont pas obligés d'accepter un animal. Ils ont aussi le droit de réclamer une indemnité de prise en charge.

En métro.

La maison qui bouge

L'accessoire essentiel du chat voyageur, c'est son panier. Il devra être assez grand pour qu'il s'y sente bien. Évite les sacs souples en cuir pour petits chiens, car le chat y est mal à l'aise. Dès l'âge de 2 mois, tu pourras habituer le chaton à être transporté. Le panier doit lui devenir familier : laisse-le traîner, porte ouverte, dans un coin de la pièce, pour qu'il s'en fasse une cabane. Bien vite, il l'aura associé à des événements agréables, et l'affaire sera dans le sac !

Le panier en plastique se lave facilement. Il prend aussi moins de place, car il se sépare en 2 parties qui s'emboîtent.

Rigide, léger, bien aéré, robuste : le traditionnel panier en osier combine beaucoup d'avantages.

Doucement, mais fermement

Pour mettre ton chat dans son panier, soulève-le avec une main placée sous l'arrière-train, tout en le tenant fermement avec l'autre par la peau du cou.
Même une fois à l'intérieur, ne lui lâche pas le cou jusqu'à ce que tu puisses refermer la porte.

Attention, ce grand curieux a vite fait de s'échapper !

En voiture !

Comme sans doute pour toi, l'auto est le moyen de transport le plus fréquemment utilisé par le chat. Le problème, c'est qu'il n'aime pas beaucoup ça. Alors, pendant que tes parents s'occupent du volant, occupe-toi bien de lui et bonne route à tous !

Pas n'importe où

Ne laisse jamais ton chat voyager à l'avant sur tes genoux : c'est interdit ! La police pourrait dresser un procès-verbal, car la loi précise que tous les animaux doivent voyager à l'arrière. Ne l'enferme pas non plus dans un coffre étroit et obscur : c'est assimilé aux « mauvais traitements à animaux ». L'idéal, s'il n'est guère habitué à la voiture, sera de le laisser enfermé dans son panier, que tu caleras fermement sur la banquette arrière, bien stable pour éviter qu'il ne bascule dans les virages.

Même les chats sont sujets au mal des transports.

Ne m'oubliez pas !

Un voyage se prépare ? Ton chat l'a tout de suite deviné. Et au fil des heures, l'agitation monte : regarde-le qui inspecte fébrilement les bagages, passe en revue la moindre paire de chaussettes.

Pas de risques inutiles

Si ton chat est très habitué à voyager en voiture, et si vous êtes plusieurs personnes, ceux qui sont à l'arrière pourront éventuellement le prendre sur leurs genoux. Mais attention : en cas de choc violent, l'animal se changerait aussitôt en un bolide tout de griffes et de crocs hérissés, et tout le monde courrait plus de risques d'être blessé. Alors, sois raisonnable : dès qu'il s'endort, remets-le plutôt dans son panier.

Comme toi, le chat a besoin de s'arrêter souvent !

Pause pipi

Avec ou sans chat, en cas de long voyage en auto, il est conseillé de s'arrêter toutes les 2 heures. Tu en profiteras pour laisser ton chat se dégourdir les pattes et vider sa vessie. Donne-lui à boire de l'eau fraîche, car le voyage le déshydrate. Attention : s'il est un peu craintif, attache-le avec un collier ou un harnais avant même d'ouvrir la portière. Sinon, perdu dans un univers inconnu, il pourrait bien choisir de fuir droit devant lui. Chaque été, au bord de l'autoroute, ce sont des dizaines de chats qui disparaissent ainsi.

BON À SAVOIR

Ton chat supporte mal la voiture ? Voici quelques conseils pour vous éviter, à toi et à lui, de longues heures pénibles.
- Mets-le à la diète au moins 3 heures avant de partir.
- Demande au pharmacien un petit tranquillisant et/ou un remède contre le mal des transports.
- Demande au conducteur de rouler « cool », en évitant les accélérations et les freinages brutaux.

Gare au coup de chaleur !

Surtout, ne laisse jamais ton chat enfermé dans une voiture exposée en plein soleil. La température peut y atteindre 70 °C, et cela provoquerait chez lui une très grave commotion, voire même une crise cardiaque. Alors, si le chat doit vraiment attendre à l'intérieur, la voiture sera garée à l'ombre, avec les vitres légèrement entrouvertes. Sans oublier de prévoir que le soleil tourne très vite !

Si on lui demandait son avis, le chat répondrait qu'il préfère les autos immobiles. Surtout quand elles sont exposées au soleil : un paradis pour la sieste !

Minou globe-trotter

Petit, discret, propre, le chat est en général bien accepté par toutes les compagnies de transport. On le laissera même souvent voyager avec toi, à condition que ce ne soit pas pour l'autre bout du monde.

En avion

La plupart des compagnies aériennes acceptent les chats à bord. Pour les vols courts, en général, ton chat aura le droit de t'accompagner en cabine mais toujours dans son panier. Il t'en coûtera une somme forfaitaire, variable selon les compagnies mais souvent autour de 20 € le trajet. Pour les vols internationaux, on te demandera parfois de faire voyager ton chat en soute, dans une cage spéciale vendue ou louée par la compagnie aérienne. Il paiera alors en général 1% du prix du billet par kilo, le même prix que l'excédent de bagages !

WHAT IS YOUR NAME ?

Bien sûr, tu n'emmèneras pas souvent ton « copain » à l'étranger. Mais rien que pour le plaisir, écoute quelques-uns de ses noms à travers le monde :
cat en anglais ;
gato en espagnol ;
gatto en italien ;
katze en allemand ;
katta en suédois ;
kat en néerlandais ;
qato en syrien.
Et il en existe comme ça des centaines d'autres.

Ton chat doit voyager en soute ? Rassure-toi, il ne sera pas entassé avec les bagages ! Placé dans un compartiment à part, chauffé et pressurisé, il se remettra vite des émotions du voyage.

En train

Oui, ton chat a le droit de venir avec toi, à condition qu'il soit placé dans un sac ou un panier (dimensions maxi : 45 x 30 x 25 cm). Et de tous les moyens de transport, le train est celui qui perturbe le moins l'animal. En France, quelle que soit la distance, la SNCF pourrait te réclamer pour lui une somme forfaitaire de 7 € au maximum, que vous soyez en 1re ou en 2e classe.

Si tu voyages en train avec un animal, tes voisins ont le droit de te demander de changer de place ! Mais, le plus souvent, ils seront ravis de le caresser.

PAPIERS, S'IL VOUS PLAÎT

Non, ton chat n'a pas le droit d'aller n'importe où. Pour se prémunir des maladies contagieuses, certains pays refusent l'importation des chats, d'autres imposent de longues périodes de « quarantaine », pouvant atteindre 6 mois en Grande-Bretagne !
Les douanes des autres pays d'Europe, en général, réclameront un carnet de vaccinations à jour, ainsi qu'un certificat de bonne santé récent (moins de 3 semaines) délivré par un vétérinaire. Mais il faudra que le chat soit aussi vacciné contre la rage.
En résumé : avant de prévoir le moindre voyage, renseigne-toi auprès d'une compagnie aérienne, ou sur Internet (sur le site de l'office du tourisme du pays concerné, par exemple) pour connaître la législation en vigueur dans le pays où tu souhaites partir.

En bateau

Tu comptes faire avec ton chat une traversée maritime ? N'oublie pas de te renseigner à l'avance, car chaque compagnie est libre de fixer ses conditions. En France, la SNCM transportera gratuitement ton chat vers la Corse, à condition qu'il voyage dans un panier. Impossible en revanche de faire le tour du monde avec lui : les lois internationales l'interdisent. Pour une minicroisière, il sera parfois accepté à bord du navire, mais est-ce vraiment une bonne idée de l'emmener ? Alors, si la mer promet d'être forte, donne-lui une pilule quelques heures avant le départ, et laisse-le à jeun.

Le chat n'a pas forcément le pied marin, et peut souffrir du mal de mer.

Le temps des vacances

Chaque année, des millions de foyers se posent la même question : que faire du chat pendant les vacances ? Si tu décides de l'emmener avec toi, n'oublie jamais alors le « savoir-vivre » indispensable à la vie en communauté !

Dès l'arrivée, n'oublie pas de vérifier que le lieu de vacances ne comporte aucun endroit dangereux pour ton chat.

Pour les campings, la loi précise qu'ils sont libres de refuser ou d'admettre les chats.

À l'hôtel

1 hôtel sur 5 seulement accepte les animaux. Mieux vaut alors se munir d'un bon guide qui le signale. Parfois, le séjour de l'animal est gratuit, mais il t'en coûtera plus souvent entre 7 et 15 € par jour. Dans tous les cas, n'oublie pas que tu restes le seul responsable des dégâts que ton chat pourrait causer dans la chambre.

Premier contact

Tu emmènes ton chat dans un endroit inconnu ? Garde l'œil sur lui pendant les premières heures. Déboussolé, il pourrait tenter de s'échapper pour retrouver le chemin de « sa » maison. Le premier jour, mieux vaut le tenir enfermé, en installant son panier dans un coin calme.

PAS SI BÊTE !

Dans plusieurs hôtels, on peut lire ce drôle d'avertissement : « Ici, les animaux sont les bienvenus car : ils n'essuient jamais leurs chaussures aux rideaux ; ils ne paient jamais avec un chèque sans provision ; ils ne brûlent jamais les draps avec une cigarette ; ils ne rentrent jamais soûls à 3 heures du matin ; ils ne volent jamais les serviettes de toilette ; ils n'urinent pas dans les lavabos et les bidets ; ils amènent seulement des clients agréables. »

Et s'il ne part pas ?

Tu ne peux pas emmener ton chat en vacances ? Pas de panique, il existe une autre solution : le placer en pension, où il sera « bichonné » moyennant 7 à 12 € par jour. Un établissement sérieux te demandera les papiers de ton chat : certificat de tatouage et carnet de santé avec mise à jour des vaccinations. De ton côté, exige un certificat de dépôt mentionnant la date, la description de ton chat, son numéro de tatouage, et le nom du propriétaire de la pension.

Les meilleures pensions sont parfois complètes 6 mois à l'avance !

Le doudou de minou

Si tu dois confier ton chat à quelqu'un pour un moment, laisse-lui toujours son jouet favori, ainsi qu'un vêtement imprégné de ton odeur, qui l'aidera à se sentir moins seul. Pense aussi à laisser un numéro de téléphone : le tien en vacances, celui d'un ami ou de ton vétérinaire.

Autres solutions

De nouvelles formules d'échange font aujourd'hui de plus en plus d'adeptes. Le « home-sitting » : quand tu pars en vacances, des retraités viennent habiter chez toi et s'occupent de surveiller la maison, d'entretenir le jardin, de faire des câlins à ton chat. Les « bourses aux échanges » : tu gardes le chat d'un voisin en juillet qui gardera le tien en août.

AUTOUR DU CHAT

Toi, moi et les autres : nous sommes des millions à aimer les chats. Mais pas tous de la même façon ! Depuis le simple « copain-câlin » de tous les jours jusqu'à la « bête à concours » bichonnée comme un objet précieux, tous nos amis à quatre pattes pourraient en témoigner : l'homme se comporte parfois avec eux comme un drôle d'animal.

Les métiers du chat

Des chats de cirque ? Des chats truffiers ? Des chats guides d'aveugle ? Ça n'existe pas ! Rien à voir avec le chien, bien sûr : le chat, lui, refuse de se laisser « exploiter » par l'homme. Conséquence logique, les métiers qui le concernent sont beaucoup moins nombreux.

Soigner les animaux, leur éviter la souffrance, les aider à guérir : le métier de vétérinaire fait toujours autant rêver.

Vétérinaire

Être vétérinaire à la campagne, c'est se tenir prêt à tout moment à foncer sur le terrain pour une mise bas difficile, ou pour plâtrer une patte cassée. En ville, la concurrence est rude et le travail souvent monotone. Les études sont très difficiles ; le vétérinaire doit être à la fois médecin généraliste, dentiste, radiologue, anesthésiste et chirurgien. Sache aussi qu'au concours d'entrée des écoles nationales vétérinaires, 500 candidats seulement sont reçus chaque année, sur plus de 2 000 inscrits.

Quelles études ?

Issu en général d'un bac scientifique, l'aspirant vétérinaire devra d'abord suivre 1 ou 2 ans de classes préparatoires au concours d'entrée aux écoles. Une fois admis, il y poursuivra 4 ans d'études sanctionnées par un diplôme d'État.

CODE D'HONNEUR

« Le vétérinaire est tenu de conserver à l'égard de sa clientèle une attitude empreinte de dignité et d'attention, tenant compte en particulier des relations affectives qui peuvent exister entre le maître et l'animal. » (Extrait du code de déontologie de l'ordre national des vétérinaires.)

PHOTOGRAPHE

Tu aimes les photos qui illustrent ce livre ? Alors, saluons au passage ceux qui les ont prises, souvent au prix d'une longue patience et de beaucoup de savoir-faire. Mais avant d'espérer en vivre, il faut souvent de longues années d'investissement en temps et en matériel.

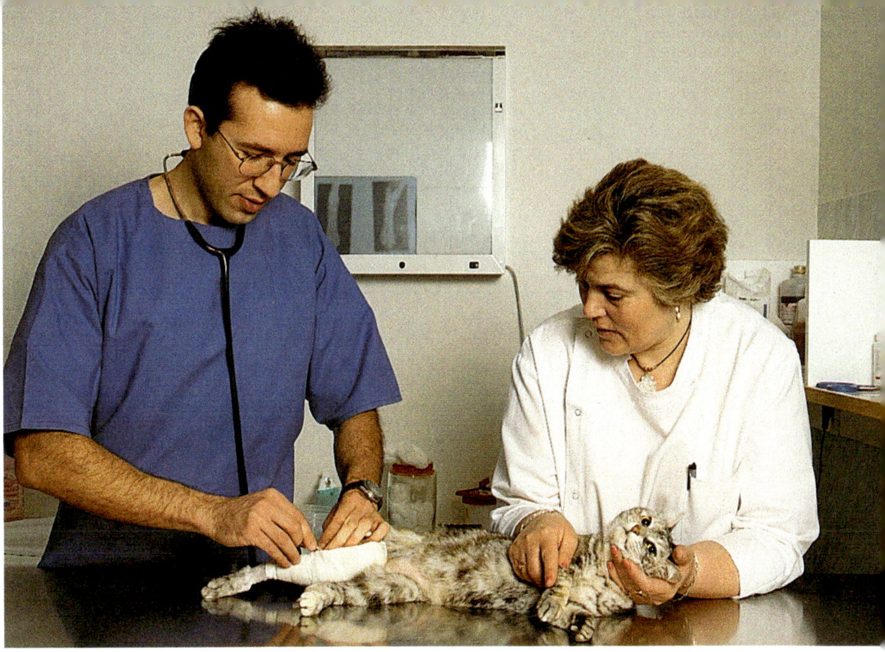

Le vétérinaire est souvent aidé d'une assistante.

Assistant-vétérinaire

Les études de vétérinaire te semblent inaccessibles ? Tu peux aussi songer à devenir son assistant (ou assistante, car la profession est surtout féminine). Il s'agit d'effectuer toutes sortes de tâches : accueil, secrétariat, soins infirmiers, entretien du matériel. Il existe des formations privées, mais surtout des certificats de spécialisation délivrés par des lycées professionnels à l'issue du BTA (brevet de technicien agricole).

AUTRES MÉTIERS

Assurances maladie, clubs de rencontre, pompes funèbres. Mais oui, tout cela existe aussi pour les animaux domestiques, qui constituent aujourd'hui une « niche » marketing parfaitement exploitée. À quand une chaîne câblée spécialisée pour chiens et chats, comme cela existe aux États-Unis ?

Toiletteur est un métier qui s'apprend le plus souvent « sur le tas ».

Toiletteur

Faire toiletter un chat ? Non, ce n'est pas une drôle d'idée, surtout pour un persan, car de nombreux maîtres négligent de les brosser. Résultat : le poil s'emmêle, et il se forme une « bourre » qu'il faudra parfois couper aux ciseaux. Tous les 6 mois environ, le toiletteur s'occupe aussi de shampooiner le chat, de lui tailler les griffes, de nettoyer ses oreilles et ses yeux. La séance coûte environ 30 €.

Passion : éleveur

Les journaux spécialisés sont remplis d'annonces proposant de vendre des chatons de race pure. Ceux-là, bien sûr, sont tous issus d'élevages. Mais il s'agit rarement d'une véritable « industrie » : 9 fois sur 10, tu tomberas plutôt sur un amateur passionné.

Qui peut le devenir ?

En théorie, tout le monde, car il n'existe ni formation ni diplôme. Pourtant, il ne suffit pas de faire se croiser des chats de la même race pour devenir éleveur. Il faut d'abord connaître parfaitement les lois de la génétique, savoir choisir les bons reproducteurs, prévoir un plan d'élevage sur plusieurs générations.

Il faudra au moins 4 ou 5 ans à un élevage pour acquérir une réputation de sérieux.

Le propriétaire de l'étalon doit remettre à celui de la chatte une « déclaration de saillie », qui devra parvenir dans les 6 semaines à l'association féline.

Comment débuter ?

Le premier impératif, c'est de choisir une race et de chercher à la connaître à fond : en assistant à des expositions, en discutant avec des éleveurs, et bien sûr en s'inscrivant à un club félin qui la reconnaisse et la défende. Inutile de voir trop grand : l'achat de 2 belles femelles de la race (mais de lignées différentes) sera déjà un bon départ. On fera d'abord appel à un étalon extérieur pour les saillies (150 € au minimum), en attendant d'en sélectionner un soi-même au sein des portées à venir.

Le chat en majesté

C'est en Grande-Bretagne que s'est développé le « sport » félin. Dès le milieu du XIXe siècle, on définit des races, on fonde des clubs, on tient des registres officiels. En 1871, au Crystal Palace de Londres, s'ouvre la première grande exposition féline moderne. Aujourd'hui, il s'en tient chaque année des centaines à travers le monde.

VICTIME DE LA MODE

Parfois, les éleveurs tombent dans l'excès : en voulant raccourcir la face des persans, on aboutit au persan à face de pékinois, qui a du mal à respirer et dont les yeux coulent tout le temps !

Combien ça rapporte ?

Inutile de rêver faire fortune. La grande majorité des éleveurs de chats de race ne parvient qu'à couvrir les frais. L'élevage coûte cher : il y a l'achat des reproducteurs, l'entretien des locaux, la nourriture, les médicaments, les saillies, les déplacements, les frais d'expositions. Cela dit, tout dépend de la race : pour certaines, plus rares, la demande est très forte, et les chatons s'échangent jusqu'à 1 000 € ou même 2 000 €, surtout si leurs parents ont été primés.

En visitant la chatterie, tu jugeras par toi-même du sérieux de l'éleveur.

La chatterie idéale

Un éleveur disposera d'une chatterie pour abriter ses protégés, isoler un étalon, un chat malade, une femelle sur le point de mettre bas. Cette maison pour chats sera spacieuse et bien aérée, avec un coin pour se reposer, un autre pour jouer et grimper, un troisième enfin pour la nourriture et la caisse à litière. Le sol sera couvert d'une surface facile à nettoyer, et des grilles permettront aux chats de voir à travers, pour ne pas se sentir isolés dans ce qui reste malgré tout une cage !

Une passion très prenante

Le métier d'éleveur ne consiste pas seulement à câliner des chats pendant des heures ! Il faut aussi leur préparer à manger, les toiletter, les soigner, nettoyer leurs déchets. Et encore les emmener dans les expositions, essayer de leur faire remporter des prix, dans un milieu où ne sont pas exclues les jalousies.

CHOISIR UN NOM

Pour le suivi d'un élevage, mieux vaut lui donner un nom (par exemple, « la chatterie de la Lune »), qui sera déposé auprès du club félin et attribué pour une période de 30 ans. Tous les chatons issus de cet élevage porteront son nom en affixe derrière leur nom de baptême (par exemple : « Pimpon de la Lune », « Pimprenelle de la Lune »).

Les amis des chats

Clubs, cercles, associations. Nombreux sont les groupements consacrés à nos petits compagnons. Et il en existe pour tous les goûts, depuis les clubs félins « officiels », gardiens de la pureté des races, jusqu'aux associations « charitables » dévouées aux vagabonds des rues.

Le « cabinet du chat » à Amsterdam, Pays-Bas.

Carte postale française illustrant une célèbre chanson populaire.

Clubs en stock

En Grande-Bretagne, berceau de l'élevage félin, le premier club apparut en 1887. Mais c'est en 1910 que fut fondé celui qui demeure aujourd'hui le plus influent : le célèbre Governing Council of the Cat Fancy (GCCF). En France, le plus ancien est le Cat Club, créé en 1926, qui fut rapidement suivi par de nombreux autres. Aujourd'hui, on ne recense pas moins d'une quinzaine de clubs indépendants tenant chacun son propre livre d'origines !

Une « fédé » pour tous

En 1949, fut créée la Fédération internationale féline (FIFé), qui coordonne aujourd'hui de nombreuses (mais pas toutes !) associations félines dans 26 pays d'Europe et d'ailleurs. Régulièrement, les délégués de tous les pays se réunissent pour déterminer une politique générale par rapport aux races anciennes et nouvelles. Mais chaque association reste libre de tenir son registre et d'accorder les certificats de pedigree.

Image du bonheur

« *Une maison sans chat, sans chat bien nourri, est peut-être une bonne maison, mais comment peut-elle le prouver ?* », Mark Twain (écrivain américain, auteur de *Tom Sawyer*).

Libres et tranquilles

En France, en 1977, un photographe parisien, Cambazard, eut l'idée de fonder L'École du chat, association qui se donnait pour but de faire de ces animaux des « citoyens » à part entière. Il s'agissait de contrôler leur état sanitaire, de les soigner, de les vacciner, de les stériliser et de les tatouer, avant de les relâcher à l'endroit où ils avaient été capturés. Ainsi, le 18 juin 1978, Nicolas (matricule AA 08 81) devint le premier « chat libre » de France. Depuis, L'idée a essaimé dans d'autres villes et en Europe.

Au cimetière du Père-Lachaise, à Paris, les chats sont tatoués, vaccinés et nourris régulièrement.

Pour les « chats libres », l'École du chat a conçu les « chatelems », de petites maisons en bois qu'elle a implantées dans plusieurs cimetières, parcs et jardins.

Dans la rue, une autre histoire

À l'opposé des « aristochats », sont les matous vagabonds des villes, que nourrissent parfois discrètement de vieilles dames. Malheureusement, la fourrière veille aussi, et certaines nuits, se déroulent encore de tristes « rafles » de ces animaux souvent en mauvaise santé, et aussitôt euthanasiés sans états d'âme.

Depuis les années 60, de nombreux pays ont choisi le chat comme sujet philatélique.

L'exposition féline

En France plusieurs dizaines d'expositions sont organisées tous les ans, à l'initiative des principaux clubs félins. Même si tu n'as pas de chat à exposer, n'hésite pas à aller visiter une exposition : tu y verras beaucoup de chats magnifiques, et aussi de drôles de passionnés avec leurs drôles de coutumes !

La plus grande exposition du monde se tient au mois de décembre à l'Olympia Hall de Londres, et réunit chaque année plus de 3 000 chats.

Pour participer

Il faut être adhérent du club organisateur, ou d'une association qui en dépend. Bien sûr, le pedigree de l'animal doit être inscrit soit au livre d'origines du club, soit au RIEx (Registre initial expérimental). Une seule exception : les chats « de maison » sont parfois admis à concourir librement dans une catégorie à part. Procure-toi auprès des organisateurs un bulletin d'engagement, à renvoyer 15 jours avant la date de l'exposition. Le formulaire doit être rempli très soigneusement, sans oublier d'y joindre un chèque pour les frais.

LES « TRUCS » DES PROS

Une semaine avant l'exposition, donne un bain à ton chat. Habitue-le progressivement à être enfermé dans son panier, et à être manipulé par des inconnus. Si sa robe est claire, talque légèrement son poil, puis brosse-le longuement pour éliminer toute trace de poudre (pénalisé en exposition). Si sa robe est sombre, donne-lui du lustrant en vaporisant sur son pelage de l'eau citronnée, puis caresse-le longuement avec un gant de velours. Et, bien sûr, assure-toi qu'il n'a pas de puces !

LA PASSION D'ABORD

Juge félin, ce n'est pas vraiment un métier, sauf pour quelques « stars » internationales. N'oublie jamais que ces hommes et ces femmes sont d'abord des passionnés de chats, qui apprécieront de la part du public une attitude « sport », sans murmures ni remarques désobligeantes.

Le jour « J »

Sois sûr que ton chat est en pleine forme, puis assure-toi de ne rien oublier : carnet de santé, prix obtenus, accessoires de toilette, litière. La première formalité sera la visite vétérinaire : on vérifiera les vaccinations, et aussi que ton chat ne présente aucune blessure ou signe de maladie. Si tout va bien, on te délivrera un certificat d'admission et un numéro à placer sur sa cage.

En Europe, les cages d'exposition ont le même standard : 90 x 60 x 60 cm.

Jugement souverain

Le chat sera présenté aux juges par un assesseur, afin de respecter une règle d'or : tous les animaux sont jugés dans l'anonymat le plus complet, seulement identifiés par leur numéro. Toutes les 5 minutes, la même scène se répète : le juge pose le chat sur la table devant lui, l'examine, le caresse, le palpe sous toutes les coutures. Il ne fait aucun commentaire et se contente d'attribuer une note qui est répétée à voix haute. Puis il se désinfecte soigneusement les mains, et au suivant ! Même si tu es un peu déçu, sache que le verdict de chaque juge est souverain.

La gloire, disent-ils

« Champion d'Europe » : voici le titre le plus haut auquel puisse rêver un chat. Ou plutôt son maître qui, avant d'en arriver là, aura dû faire parcourir à l'animal un très long chemin marqué d'étapes précises, pointues et rigoureuses, où chaque détail compte.

Il est en quelle classe ?

Pour participer à un concours, ton copain devra être inscrit dans une classe bien précise. Et même si leur nombre peut varier en fonction du club organisateur, tu retrouveras en général toujours le même « tronc commun » défini par la Fédération internationale féline.

Classe neutres

Pour les chats castrés (mâles ou femelles), adultes et avec pedigree, il existe des classes spéciales parallèles au championnat « officiel ». Et comme il ne s'agit pas de reproducteurs, les juges se montrent souvent un peu plus indulgents.

Autres classes

Suivant les clubs organisateurs, les expositions proposeront parfois d'autres classes : les « paires », les « couples », les « trios », les « groupes », les « portées », les « vétérans ». Mais si elles permettent aux plus nombreux de repartir avec un prix, elles ne donnent en aucun cas accès au championnat !

Classe novices

Elle est réservée aux chats non inscrits au livre d'origines, mais seulement au Registre initial expérimental (RIEx). C'est le cas par exemple pour les races non encore officiellement reconnues.

Classe chats de maison

On les appelle aussi « européens », ou encore « gouttières ». Ces chats sans race reconnue ne pourront jamais être inscrits au livre d'origines, mais cela ne les empêche pas d'être beaux !

Classe jeunes

Elle est ouverte aux chats avec pedigree, mais pas encore adultes le jour de l'ouverture de l'exposition. Âgés de 3 à 6 mois, ils concourront en « première classe jeunes », ou en « deuxième classe jeunes » s'ils ont entre 6 et 9 mois.

Classe ouverte

On y accepte les chats adultes (âgés d'au moins 9 mois), entiers (non castrés), et avec pedigree, et candidats au titre de champion. Cette classe peut aussi être subdivisée en fonction de l'âge et du sexe.

Classe champions

Pour y accéder, les chats doivent avoir été primés champions en classe ouverte. Ils concourront ici pour le titre de « champion international », au-dessus duquel existent encore les titres de « grand champion international » ou encore « champion d'Europe ».

POUR LA GLOIRE

En plus des certificats, les juges désignent entre tous les chats présentés les plus beaux éléments de l'exposition : les fameux « best in show ». Quant aux récompenses elles-mêmes, elles ne sont pas plus jolies que dans les autres sports : un titre officiel, une coupe, une bannière, une cocarde...

Quelles récompenses ?

À chaque passage devant le juge, le chat se voit attribuer des points dont le total est communiqué à la fin du concours, et donne droit à des mentions : « assez bon », « bon », « très bon », « excellent ». En fonction du résultat, ton chat pourra recevoir des certificats qui, accumulés, lui permettront de gravir les échelons de la compétition :

- **CAC** (certificat d'aptitude au championnat) ;
- **CACIB** (certificat d'aptitude au championnat international de beauté) ;
- **CAGCI** (certificat d'aptitude au grand championnat international) ;
- **CACE** (certificat d'aptitude au championnat d'Europe).

3 certificats dans la même catégorie permettent d'accéder à la classe supérieure.

Pour son éleveur, un grand champion représente aussi un investissement, car chacune de ses saillies vaut plusieurs centaines d'euros. Ça fait combien en foie de veau ?

LES RACES DE CHATS

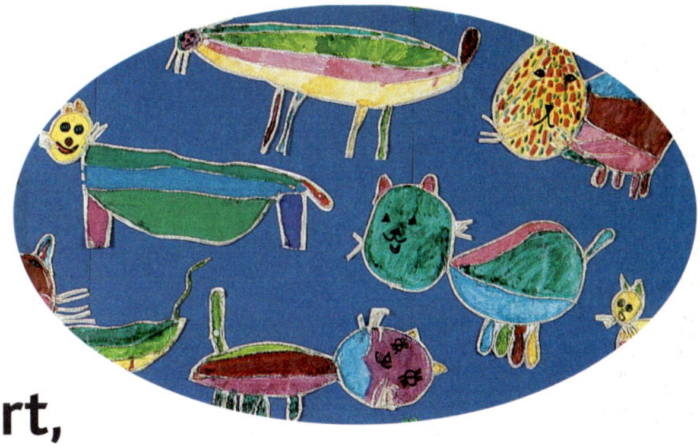

Dans les pages qui suivent, les races de chats sont divisées en 3 groupes : poil court, poil mi-long, poil long, selon le classement habituel en Europe. Certaines races citées, originaires d'Amérique, ne sont pas forcément reconnues par toutes les fédérations européennes. De même, toutes les couleurs ne sont pas représentées, mais seulement les principales en fonction de chaque race.

Qu'est-ce qu'une race ?

Au sein d'une espèce animale, on appelle « race » un groupe d'individus réunissant des caractères communs héréditaires : morphologie, couleur de robe, caractère. Ainsi, avant d'être reconnue, une nouvelle race de chat doit être représentée par au moins 15 chats issus de 5 générations successives. Cela te semble long ? Il suffira, pourtant, d'à peine plus de... 1 000 jours !

Races « naturelles »

Dans les îles ou les régions géographiquement isolées, se sont parfois développées des races originales de chats, sans aucun mélange avec d'autres. L'influence du climat a pu alors modifier certains traits, comme par exemple la longueur ou l'épaisseur du pelage. Contrairement aux races de chiens fortement spécialisées, le chat conservera toujours à peu près la même silhouette.

Ou artificielles ?

La plupart des races, on l'a dit, ont été « créées » par l'homme. Ou plutôt sélectionnées, car la méthode des premiers éleveurs était de faire s'accoupler des chats présentant les caractéristiques physiques souhaitées : un pelage uni, une forme particulière de minois. D'autres fois, il s'agit d'une mutation génétique spontanée que l'éleveur cherchera alors à « fixer » en une race stable, qu'il affinera ensuite par le jeu des croisements. Et plus les connaissances en génétique évoluent, plus la tâche devient l'affaire de spécialistes.

Felis catus : c'est le nom scientifique de tous les chats domestiques. Et si l'on en distingue aujourd'hui quelque 60 races, la plupart ont été créées au XXe siècle. Rien à voir avec l'espèce canine et ses 340 races très différentes.

DISCRÈTE NATURE

Dans la nature, le chat arborera presque toujours en guise de camouflage un pelage à motifs appelé « tabby » : il peut être tigré, rayé, marbré, ou plus rarement tacheté comme celui d'une panthère. Ainsi, le chat au pelage uni est en réalité une « aberration » soigneusement entretenue par l'homme, avec ses coloris aux noms évocateurs : chocolat, lilas, roux, crème, rose.

Pour prévoir la couleur des chatons, il faut bien connaître les parents, mais aussi la lignée sur plusieurs générations.

Un brin de génétique

Le chat possède 38 chromosomes (contre 46 pour l'homme) : 19 proviennent du père, et 19 de la mère. Présents dans le noyau de chaque cellule, ils contiennent les gènes responsables des caractères héréditaires : la taille, la texture du pelage, la couleur des yeux, etc. Parfois, les caractéristiques apportées par chaque parent sont identiques, parfois, elles sont différentes. L'une dominera alors l'autre : on parle de gènes « dominants » ou « récessifs ».

À chacun son chat

Pour la plupart des gens, les chats de race se résument aux siamois et aux persans. Il en existe pourtant beaucoup d'autres, mais qui ne doivent pas faire oublier la réalité des chiffres : en Europe, on estime que 5 % seulement des chats appartiennent à une race « noble ».

Le « cas » du manx

Le fameux chat sans queue de l'île de Man est une bonne illustration des curiosités de la génétique. À l'origine, une « erreur » provoqua chez lui un gène mutant « absence de queue » (ou queue très réduite). Mais au lieu d'être récessif, ce gène devint dominant. Cela signifie qu'on peut croiser un étalon manx et une chatte européenne ordinaire pour obtenir des chatons manx et introduire ainsi du sang neuf dans la lignée. D'autre part, les croisements entre manx produisent environ 25 % de chatons à queue normale. Ce qui signifie encore qu'il n'existe aucun chat aux gènes définitivement modifiés : même si la race est fixée, l'absence de queue reste une anomalie.

Le british shorthair

Tout commence en 1925 à Londres, lors du comité annuel du puissant Governing Council of the Cat Fancy (GCCF). « *Nous nous occupons fort bien des chats de race*, s'enflamme un membre éminent, *mais pourquoi donc négligeons-nous la plus répandue au monde : le chat des rues, notre compagnon de toujours ?...* »

British blue

En réalité, il s'agit plutôt d'un gris-bleu qui doit être uniformément réparti sur le corps. Les Anglais en sont très fiers, et mènent avec lui une rude compétition contre le chartreux européen. Le nez et les coussinets doivent être également bleus. Le seul contraste toléré est celui des yeux, qui doivent être de couleur cuivre ou orange.

A star is born

La proposition du généreux « gentleman » anglais a rapidement fait son chemin. Dès les années 30, les Anglais seront donc les premiers à hisser le chat de « gouttière » au rang de chat de race, en le renommant « british shorthair » (« anglais à poil court », quel que soit d'ailleurs son pays d'origine), et en s'empressant de définir pour lui des critères physiques rigoureux.

British shorthair tabby

Il existe de nombreuses catégories de chats tabbies ; celui-ci est le plus caractéristique. La couleur de base doit être un riche brun cuivré, difficile à obtenir, tandis que les rayures plus sombres descendent le long de l'échine pour dessiner des « papillons » sur les épaules et des « coquilles d'huîtres » sur les flancs. On appréciera des anneaux bien réguliers sur les pattes et la queue.

Le british shorthair résulte d'un brassage de gènes extraordinaire, qui ont fait de lui un animal robuste, vigoureux, sain et intelligent.

British shorthair blanc

Les chats blancs ne sont pas albinos, ils sont porteurs du gène blanc dominant. Au début du siècle, on exigeait des yeux bleus, mais les chats étaient souvent sourds. Aujourd'hui, on les admet aussi cuivre ou orange, ou encore vairons. Quant au pelage, il ne doit jamais être exposé longtemps au soleil, sous peine de virer vers un jaune pâle du plus mauvais effet.

Standard de race

Corps : grand à moyen, massif et bien charpenté. Poitrine large, épaules et dos trapus, pattes plutôt courtes et robustes, pieds ronds et forts. Queue courte et épaisse, légèrement arrondie à l'extrémité.
Tête : ronde et massive, avec un crâne large. Cou puissant et bien développé, menton fort. Nez droit et large, avec une légère dénivellation, pas de stop. Oreilles petites et légèrement arrondies. Yeux grands, ronds et bien écartés.
Fourrure : courte et dense, à la texture fine, munie d'un bon sous-poil.
Caractère : chat digne et indépendant, mais compagnon fidèle.

L'européen

Les Anglais furent les premiers à faire du « gouttière » un vrai chat de concours. Mais du fait de la longue quarantaine imposée à tout animal étranger pénétrant sur leur territoire, le standard « british shorthair » se retrouva vite isolé, face aux éleveurs étrangers qui en établirent bientôt un autre.

Cette combinaison de couleurs est réservée aux femelles.

Subtile différence

Dès les années 50, des premières différences de type apparurent chez les « gouttières » présentés en Angleterre par les autres clubs européens. Leurs chats idéaux avaient un corps plus fin, une tête moins ronde, des marques et des couleurs légèrement différentes. Après des années de lutte, la Fédération internationale féline accepta enfin en 1983 de reconnaître cette nouvelle race, qui prit le nom d'« européen ». Désormais, le terme « européen » englobe tous les chats de bonne qualité à poil court existant en Europe (sauf en Angleterre), ce qui représente plusieurs dizaines de millions d'animaux.

Il est interdit de croiser l'européen avec un british.

Européen bicolore

Chez lui, la robe doit être divisée en 2 zones aux contours bien délimités : le fond du pelage sombre (il peut être noir, mais aussi roux, gris...) et des zones d'un blanc pur, sur la tête et à l'avant du corps.

Code couleur

Pour l'européen comme pour le british shorthair, la FIFé reconnaît un nombre précis de couleurs « officielles », chacune enregistrée sous un code précis avec ses déclinaisons éventuelles (par exemple, le british shorthair noir porte le n° 15, l'européen noir le 15 E, l'écaille chocolat européen le 21 E b...).

Européen écaille-de-tortue

Ce chat tricolore présente une particularité génétique curieuse : il s'agit presque toujours d'une femelle, les mâles étant extrêmement rares et le plus souvent stériles. Les 3 couleurs (noir, roux et crème brillant) doivent être également réparties sur tout le corps, et les yeux seront orange, cuivre ou noisette.

STANDARD DE RACE

Corps : grand à moyen, non ramassé comme le british shorthair. Poitrine large, bien développée. Pattes fortes, robustes, de longueur moyenne. Pieds ronds et fermes. Queue de longueur moyenne, forte à la base et arrondie à l'extrémité.
Tête : d'apparence arrondie, mais plus longue que large. Front et crâne légèrement arrondis. Nez droit (sans cassure), et d'égale largeur sur toute la longueur. Cou moyen et musclé. Oreilles légèrement arrondies aux extrémités qui peuvent présenter des plumets. Yeux ronds, bien écartés et ouverts, placés légèrement en oblique.
Fourrure : poil court, fin serré et bien lustré, parfois dur comme des soies.
Caractère : chat actif, indépendant mais affectueux, à la voix douce.

Trop de soleil rend son poil brunâtre.

Européen noir

Longtemps victime d'une mauvaise réputation, ce chat est aujourd'hui très répandu. Sa robe doit être d'un noir brillant uniforme, sans le moindre poil blanc, et surtout pas virer au brunâtre. La truffe doit être noire, les coussinets noirs ou seal. Quant à ses yeux, ils seront cuivre ou orange foncé, les yeux verts n'étant pas autorisés en concours.

Ce type de pelage est de loin le plus répandu.

Européen tabby

Aux yeux du profane, la différence avec le british shorthair n'est pas vraiment flagrante. Ici aussi, on appréciera un M bien dessiné sur le front, et 3 lignes sombres continues courant le long de l'échine. Les couleurs de fond se divisent en 3 catégories : argenté, roux et noir, chacune comprenant 3 variétés de dessins, tabby marbré, tabby tigré, et tabby tacheté. Ce type de pelage est de loin le plus répandu.

Les américains

Dans la grande famille des nobles « gouttières », voici les cousins d'Amérique, dont les standards sont définis là-bas par la Cat Fancier's Association. Mais les différences avec l'européen ou le british shorthair sont légères, et ne portent que sur quelques détails.

Minipionnier

Puma, jaguar, chat des Andes... Du nord au sud du continent américain, se sont développées une dizaine d'espèces de félidés sauvages. Mais le chat domestique, lui, y était inconnu ! Du Canada jusqu'au Chili, tous ceux qui y vivent aujourd'hui sont donc les descendants de ceux débarqués dans les bagages des pionniers du Nouveau Monde.

Il est un peu plus grand que les autres « gouttières ».

American shorthair

Tabby, uni, bicolore, écaille-de-tortue, bleu, noir, blanc... Toutes les colorations habituelles sont aujourd'hui développées chez l'american shorthair, dont les standards de race furent définis dans les années 30. Le premier chat de gouttière dont on ait gardé la trace en exposition remonte à 1904, et s'appelait « Buster Brown » – ce qui signifie « chasseur brun » –, car en Amérique aussi, les souris n'ont qu'à bien se tenir.

Toujours plus

Comme tous les chats « de gouttière », la race a d'abord évolué toute seule, sans aucune intervention humaine. Peu à peu, ces chats issus d'européens ont acquis un aspect légèrement différent de leurs ancêtres : la tête, surtout, est devenue moins ronde, avec un nez plus long. Et le corps plus volumineux, comme pour justifier le dicton : « En Amérique, tout est plus grand ! »

NAISSANCE D'UN MUTANT

Dans une ferme de Verona (État de New York), naquirent au milieu des années 60 deux chatons étranges, qui ne ressemblaient pas du tout à leurs american shorthairs de parents. Ce fut le point de départ d'une nouvelle race encore très peu connue aujourd'hui en Europe.

DRÔLE DE POIL

Son poil est dur et bouclé, presque semblable à celui des agneaux. Contrairement à la race de chats rex, c'est bien le poil, et non le sous-poil, qui est frisé. Par des croisements sélectifs, on fixa cette « anomalie » en une race aujourd'hui très appréciée des amateurs, qui ne le brossent qu'avec modération.

STANDARD DE RACE (pour les 2 races)

Corps : grand, avec une silhouette rustique mais pas trop trapue. Poitrine large, bien développée. Pattes fortes, plutôt longues. Pieds ronds et fermes. Queue moyenne.
Tête : longue, plutôt triangulaire. Front et crâne légèrement arrondis. Nez droit, plutôt proéminent. Cou moyen et musclé. Oreilles plutôt pointues. Yeux ronds et bien écartés.
Fourrure : (american shorthair) courte, de texture assez dure. Plus épaisse en hiver, mais jamais laineuse.
Caractère : chat actif, affectueux, mais ayant besoin de se sentir libre.

Même les poils de ses oreilles sont frisés !

American wirehair

Plusieurs couleurs sont admises, tandis que le pelage doit être le moins épais possible (surtout en été). Bouclé ou « en crochet », il est en général plus rêche sur la tête, le dos, les flancs et à la base de la queue, mais souple et doux sur le menton et sur le ventre.

Le siamois colour point

Pour la plupart des gens, il représente « le » chat de race par excellence. L'élégant siamois est aussi l'un de ceux dont les origines sont les plus lointaines : des manuscrits attestent qu'on l'honorait déjà au XIVe siècle au royaume de Siam, l'actuelle Thaïlande.

Le club des 4

Tandis que, peu à peu, la forme du corps du siamois s'affinait au fil des croisements, les éleveurs fixaient les coloris de la robe et des pointes, pour aboutir aux 4 variétés présentées sur cette double page considérées désormais comme les couleurs « traditionnelles ».

« Un chat de cauchemar »

En 1880, lors de sa première présentation à une exposition féline anglaise, il fut très mal accueilli par certaines personnes. À l'époque, cette race était assez éloignée de celle que nous connaissons aujourd'hui : les chats avaient le corps trapu, la tête ronde, les extrémités toutes noires et les yeux... rougeâtres !

Siamois seal point

Aujourd'hui encore, cette couleur demeure la plus répandue. Le chat adulte présente un pelage beige, fauve pâle sur le dos et presque blanc sur le ventre. Les pointes, elles, doivent être d'un brun foncé profond, bien contrastées avec le pelage. Quant aux yeux, ils sont aussi bleus que le ciel.

C'est la plus ancienne couleur du siamois.

Il est réputé très doux et affectueux.

Siamois blue point

Dès les années 30, apparut cette variante du seal point qui connut aussitôt un vif succès. Ici, toutes les pointes doivent être d'un bleu-gris pâle, contrastant avec un corps blanc-de-glace au dos légèrement marqué du même ton bleuté que les pointes, en nettement plus clair.

Siamois chocolate point

Cette variante a été officiellement reconnue dans les années 50. La robe doit être uniformément ivoire, avec des marques chocolat-au-lait, d'une tonalité chaude et qui mettront souvent plus d'une année à se fixer. La truffe est chocolat, tandis que les coussinets restent roses. Quant aux pointes colorées, comme chez tous les siamois, elles pâlissent légèrement au soleil de l'été.

Son pelage est bien plus beau l'hiver.

Un léger strabisme est toléré chez le siamois.

RUDE CLIMAT

Les siamois avaient à l'origine une santé délicate, à tel point que les premiers couples ramenés en Angleterre ne survécurent pas au froid et à l'humidité du climat. Il fallut beaucoup d'efforts aux vétérinaires et aux éleveurs pour parvenir enfin, dans les années 20, à acclimater définitivement cette race exotique qui commençait entre-temps à faire de plus en plus d'adeptes.

Siamois lilac point

C'est la dernière des couleurs « traditionnelles » des siamois, créée aux États-Unis en 1955, et reconnue en Angleterre en 1960. Difficile à obtenir, elle se caractérise par une robe d'un blanc-de-glace nuancé de magnolia. Les marques, quant à elles, doivent être d'un gris pâle rehaussé de reflets roses. La truffe et les coussinets sont gris-rose, et les yeux d'un bleu très profond.

Les autres siamois

Les éleveurs sont incorrigibles : au sein d'une même race, ils ne peuvent s'empêcher de développer de nouvelles variétés. Ainsi, en plus des 4 couleurs « officielles », existent aujourd'hui plus d'une vingtaine de siamois.

D'un continent à l'autre

Aux États-Unis, à partir des années 50, on développa une « nouvelle génération » de chats siamois déclinant la gamme des coloris : roux, crème, écaille-de-tortue, lilas, tabby. Là-bas, la plupart des fédérations refusent de reconnaître ces chats comme siamois, préférant les appeler « colour point shorthairs ». En Europe, on a fait preuve d'un peu plus de souplesse.

Standard de race (pour tous les siamois)

Corps : grandeur moyenne, long, svelte, musclé, mais élégant. Épaules pas plus larges que les hanches. Cou long, élancé. Pattes longues et fines, pieds petits et ovales. Queue très longue, fine, s'effilant en pointe.
Tête : grandeur moyenne, de forme triangulaire, sans « cassure » au niveau des babines. Oreilles grandes, pointues, larges à la base. Crâne au profil légèrement convexe. Nez long et droit, dans le prolongement de la ligne du front. Yeux obliques et en amande. Strabisme léger admis, mais surtout pas trop accentué.
Fourrure : très courte, fine, lustrée, serrée et couchée.
Caractère : chat sensible et complexe, exclusif, imprévisible dans ses réactions. Bavard, avec une voix forte, surtout en période de chaleurs.

Les chatons siamois naissent tout blancs, et se marquent très progressivement.

Siamois red point

Obtenu en croisant une femelle seal point à un chat roux à poil long, le red point dut attendre 1956 pour être présenté avec succès en exposition. Son corps est d'une couleur blanc cassé crème, avec des marques d'un orange chaud, la truffe et les coussinets roses. L'animal ne doit présenter aucune rayure sur les marques, ce qui serait considéré comme une « faute » grave.

Siamois tabby point

Quelle que soit la variété, le pelage de fond doit toujours être clair, sans ombre, tandis que le masque comportera des lignes très nettes autour des yeux, du nez et sur les babines. Les pattes seront marquées de rayures, et la queue recouverte d'anneaux réguliers, se terminant par une pointe unicolore.

Siamois tortie point

Il existe plusieurs variétés de siamois écaille-de-tortue. L'animal doit avoir un pelage clair et uni, avec éventuellement une ombre sur le dos mais surtout pas sur les flancs. Les marques doivent comporter des taches de 3 couleurs variables, mais toujours nettement séparées.

Le burmese

La légende le dit issu des monastères birmans. En réalité, ce chat-là sort de l'école de génétique de Harvard (États-Unis), à partir d'une femelle ramenée de Rangoon (capitale de la Birmanie) dans les années 30, croisée, faute d'autre mâle disponible, avec un siamois.

Standard de race

Corps : taille moyenne, corps allongé et gracieux. Musclé et puissant, mais exempt de graisse. Cou long, poitrine ronde. Jambes fines, pieds ovales bien dessinés.
Tête : triangulaire, plus courte que celle du siamois. Oreilles arrondies avec une base large.
Fourrure : poil soyeux, fin, dense et lustré.
Caractère : chat démonstratif. Voix assez sonore. Sociable avec les étrangers. S'adapte à la ville comme à la campagne.

Intelligent et affectueux, il déteste rester tout seul.

Burmese brun (zibeline)

Son pelage doit être du plus beau brun profond, dégradé vers le ventre et la poitrine, mais sans aucune marque ni tache. Le masque et les oreilles sont un peu plus sombres. Ses yeux doivent être d'un jaune profond, mais jamais verts, et surtout pas bleus comme ceux du siamois !

Le burmese est un chat calme et équilibré.

Une race, plusieurs noms

Pour certains puristes, le burmese ne serait donc qu'un siamois « bricolé », au pelage bien trop foncé et aux yeux d'une couleur peu orthodoxe. Le public a toujours réservé un accueil enthousiaste à ce splendide chat, connu en France sous le nom de zibeline. Du roux au bleu, on en reconnaît aujourd'hui 7 variétés distinctes. Aux États-Unis, la seule couleur admise en concours est le brun foncé. Le tiffany, issu lui aussi des États-Unis, n'est autre qu'un burmese à poil long.

Burmese roux

Voici l'une des couleurs dissidentes les plus appréciées dans les concours européens. Mais la coloration doit respecter les standards de dégradé et de contraste en vigueur pour le burmese brun.

Le tonkinois

Comme son nom ne l'indique pas, le tonkinois a été créé au Canada, dans les années 60 ! Né d'un croisement entre un siamois seal point et un burmese zibeline, ce « métis » oriental semble d'ailleurs avoir pris le meilleur des 2 races.

L'Europe jalouse ?

Du siamois, il a la sveltesse de l'allure et les marques sombres des pointes ; du burmese, la solidité du corps et la robe foncée. Pourtant, ce chat superbe, qui fut d'abord appelé « golden siamese » (siamois doré), n'est pas encore reconnu par toutes les fédérations européennes.

On compare son pelage à celui du vison.

Tonkinois brun

Sa robe doit être d'un brun chaud, dégradée en plus clair sur le ventre, et fortement contrastée avec les pointes chocolat foncé. Les yeux sont d'un bleu-vert profond. Et pour faire encore plus chic, ses couleurs de robe ont été rebaptisées : « vison miel » pour le chocolate, « vison champagne » pour le lilac, « vison bleu » pour le blue, « vison platine » pour le seal.

Drôle de loterie

Si le croisement d'un burmese avec un siamois produit toujours un tonkinois, le croisement de 2 tonkinois est un vrai jeu de hasard. En moyenne, sur une portée de 4 chatons, on obtiendra 2 tonkinois, 1 siamois et 1 burmese. Et parfois pas de tonkinois du tout ! Comme chez les siamois, les marques mettent longtemps à apparaître, et il faudra parfois attendre 2 ans avant d'être fixé sur sa couleur définitive.

Standard de race

Corps : taille moyenne, silhouette fine mais solide. Pattes longues, surtout les postérieures. Queue longue, allant en s'effilant.
Tête : légèrement triangulaire, mais avec le menton carré. Oreilles arrondies. Nez avec léger stop. Yeux en amande, bien écartés.
Fourrure : robe douce, brillante et près du corps.
Caractère : chat très curieux et actif, acrobate même, aime la compagnie, s'entend bien avec les enfants et les autres animaux.

L'oriental

Longtemps appelé « étranger », ce chat n'est en réalité qu'un siamois de couleur unie (comme le sont d'ailleurs 80 % des vrais siamois de Thaïlande). Oui mais voilà : pendant des décennies, ce chat-là fut pourtant royalement ignoré par les associations officielles.

Oriental bleu

Il possède un pelage bleu-gris (clair jusqu'à moyen), mais sans aucune nuance brunâtre. La truffe et les coussinets sont assortis au pelage : seuls percent les yeux, d'un vert vif et lumineux.

Oriental blanc

Son corps doit être d'un blanc pur, sans aucune trace de jaune. Le nez et les coussinets bien roses, sans aucune marque sombre. Quant à ses yeux, certains éleveurs ont réussi à les faire bleus (sans entraîner chez l'animal de problème de surdité comme pour d'autres races). Mais ils pourront aussi être verts, ou même parfois jaunes.

Subtile nuance

Dès les années 1880, quelques éleveurs anglais s'intéressèrent aux siamois à pelage uni, cherchant à créer de nouvelles variétés. Mais ces chats avaient presque toujours les yeux verts. Un affreux défaut, selon les spécialistes du *Siamese Cat Club* qui décrétèrent en 1920 : « *Un siamois doit obligatoirement avoir les yeux bleus.* » 30 ans plus tard, enfin, les éleveurs décidèrent de « créer » une autre race, en lui donnant simplement un autre nom. Ainsi naquit en 1952 l'oriental, qui compte aujourd'hui pas moins de 28 couleurs et marquages distincts.

Havane brun

Havane, bien sûr, comme la robe des fameux cigares, dont il arbore le beau brun doré. Ce chat oriental, très apprécié dans le monde entier, est même considéré en Europe comme une race à part entière, dont les plus beaux chatons se négocient fort cher.
On le compare souvent au burmese. Mais la robe du havane est marron, et non brun foncé.

Oriental tabby

Il existe 3 variétés de tabby chez l'oriental : rayé, tiqueté ou moucheté. La couleur de base de la robe est un bronze, marqué de brun chocolat. Le cercle sombre autour des yeux (verts !) doit toujours être en harmonie avec la couleur du corps.

STANDARD DE RACE (pour tous les orientaux)

Corps : moyennement long, élégant et musclé. Épaules assez étroites. Cou élancé. Jambes assez longues et fines. Pieds petits et ovales. Queue fine et longue.
Tête : moyenne, de forme triangulaire. Oreilles écartées, penchées vers l'avant, extrémités arrondies. Nez long et droit. Yeux ovales, vert brillant.
Fourrure : très courte, fine, lustrée, serrée.
Caractère : chat affectueux, plein de vie. Sa voix est mélodieuse, mais la femelle parle tout le temps à ses petits. Assez exclusif, il s'attache surtout à une seule personne.

Sauvé de l'oubli

En 1888, un chat de type havane remporta le 1er prix d'une exposition féline à Londres. Cette variété disparut pourtant bientôt, victime du « racisme » des juges envers ses yeux verts. Heureusement, plusieurs éleveurs anglais réussirent dans les années 50 à recréer le havane. La race fut reconnue en 1958 sous le nom de chestnut (châtaigne), puis havana brown en 1971.

L'abyssin

L'Angleterre du XIXe siècle adorait les chats et l'Égypte ancienne. Les éleveurs se mirent donc en tête de reproduire les chats figurant sur les fresques des temples. Leur succès fut total : aujourd'hui, l'abyssin est le chat de race le plus populaire après le persan et le siamois.

Le chat des pharaons

Zula fut le premier mâle abyssin importé d'Éthiopie en 1886. Le plus difficile fut de lui trouver une femelle adaptée. Après de nombreux essais, on réussit à fixer la race, reconnue officiellement en 1917 aux États-Unis, et en 1926 en Angleterre. Pour ses passionnés, le charme de l'abyssin vient d'abord de son pelage, épais comme celui d'un lièvre et marqué d'une curieuse caractéristique, le tiquetage : chaque poil (clair) comporte une bande plus ou moins foncée, qui donne à la fourrure des reflets aux nuances sauvages.

Abyssin roux

Appelé aussi « abyssin sorrel » ou « alezan », son pelage est d'une belle couleur abricot profond à la base, plus clair en surface, avec un tiquetage chocolat. On en mangerait !

Abyssin lièvre

Appelé aussi « abyssin type », c'est la couleur d'origine de la race : un brun chaud avec le tiquetage clairement visible. Le ventre et l'intérieur des pattes s'éclaircissent en orange foncé, mais le bout de la queue, lui, doit être noir. Quant aux yeux, on les aimera ambrés, dorés, noisette ou verts.

Le singapour

Ce matou-là régnait à l'origine… sur les poubelles de Singapour. Jusqu'à ce qu'un jour, des touristes américains remarquent ce beau petit chat au pelage pas tout à fait comme les autres, et le ramènent dans leurs bagages.

Le rêve américain

Cette histoire se passait en 1975. Aujourd'hui, le singapour est une race bien connue aux États-Unis, mais pas trop en Europe. Ce qui frappe chez lui, c'est son pelage tiqueté comme celui de l'abyssin. Dans son pays d'origine, son pelage se décline en de nombreuses couleurs, mais les associations américaines n'en reconnaissent encore que deux.

Petit mais costaud !

Singapour « classique »

Pour les expositions, voici le coloris de base du singapour : une robe d'un beau brun « zibeline », tiquetée de brun, avec le menton et la poitrine plus clairs. Mais il existe aussi la variété « sépia agouti » avec un tiquetage brun sombre sur une base couleur vieil ivoire.

Standard de race

Corps : long et mince. Jambes fines, petits pieds, démarche agile. Queue longue, effilée, au poil dense.
Tête : légèrement triangulaire, délicate, allongée. Nez foncé, bordé de noir. Oreilles grandes et pointues.
Fourrure : courte, mais très épaisse. Tiquetage sur le poil.
Caractère : chat affectueux et doux. Méfiant d'abord, puis un peu turbulent. S'ennuie souvent en appartement. Bon caractère, belle voix. Peut se dresser un peu (avec beaucoup de patience).

Standard de race

Corps : de petite taille, mais musclé. Jambes et queue moyennement longues.
Tête : ronde, avec un nez court marqué d'un stop. Grandes oreilles assez pointues. Menton solide. Yeux grands, bien ouverts, légèrement bridés.
Fourrure : courte, soyeuse, près du corps et tiquetée.
Caractère : chat très curieux, mais calme et affectueux. Très propre, il peut s'adapter à tous les habitats. La femelle est une mère très attentive.

Le chartreux

Arrivait-il d'Orient ou d'Afrique australe ? Mystère ! Le chartreux est devenu pourtant « le » chat français par excellence. Dès le XIVe siècle dans les monastères, ce beau chat bleu accompagnait les moines et chassait les souris.

Sa fourrure est dense, comme celle de la loutre.

Trop belle fourrure

« *Couvert d'un poil gris argentin/Ras et poli comme satin/Couché par ondes sur l'échine...* » Dans les années 1550, Joachim du Bellay dédiait un poème à son chat Belaud. Mais la vie n'est pas toujours si douce : jusqu'au siècle dernier, le chartreux fut souvent élevé pour sa fourrure qui se négociait fort cher. Quant à la viande, on la cuisait en civet !

Standard de race

Corps : de taille moyenne, assez lourd. Pattes courtes et musclées. Pieds ronds et forts. Queue assez longue, robuste, souvent portée au-dessus du dos.
Tête : crâne rond. Menton large, joues bien pleines, museau triangulaire. Nez large et droit. Oreilles moyennes, placées haut.
Fourrure : lustrée, serrée et laineuse.
Caractère : chat calme, mais indépendant. Bon chasseur, il s'accommode aussi en appartement. Miaule très peu.

Un nouveau regard

Les premiers chartreux avaient souvent les yeux verts. Ce n'est qu'au XXe siècle que les éleveurs le dotèrent de son regard couleur de cuivre. Puissant et massif, le chartreux d'aujourd'hui pèse jusqu'à 6 kg, et dégage une impression de force et de souplesse.

Chartreux « classique »

Pour la robe du chartreux, toutes les teintes de bleu sont permises, mais la préférence ira au bleu-gris clair. Truffe et coussinets seront de la même couleur, et même la peau doit être complètement bleue ! Les chatons, eux, naissent avec les yeux bleus, qui deviennent bientôt gris, avant de se fixer sur leur couleur définitive : orange ou cuivre, sans aucune trace de vert.

Le korat

« Si-Sawat » : ainsi nommait-on ce chat bleu au royaume de Siam (l'actuelle Thaïlande). Symbole de bonheur et de prospérité, il trônait depuis des siècles dans les demeures des riches familles.

Faux départ

Les premiers korats furent exposés à Londres en 1893. Mais ils ne déclenchèrent guère d'enthousiasme auprès du public, passionné à l'époque par les siamois. La race retomba bientôt dans l'oubli. Ce n'est qu'en 1959 aux États-Unis qu'un couple importé directement de Thaïlande réveilla la curiosité des foules. La mode était relancée !

Standard de race

Corps : grandeur moyenne. Silhouette musclée, mais pas lourde. Pattes moyennes, pieds ovales. Queue moyennement longue, épaisse à la base.
Tête : en forme de cœur, aux contours doux. Front large, Museau effilé sans être pointu. Oreilles larges, bien droites et arrondies à l'extrémité.
Fourrure : robe simple, sans sous-poil. Fourrure courte à moyenne, lustrée et douce, près du corps.
Caractère : chat calme, bien adapté en appartement. Intelligent et curieux de ce qui l'entoure. Assez facile à dresser, il apprend volontiers des tours.

Il a une tête en forme de cœur.

Korat « classique »

Pour le korat, la seule couleur admise est celle de son ancêtre sacré : des poils bleu-gris aux extrémités argentées. La robe tout entière doit être unie, sans variations ni points ni rayures. Les yeux quant à eux mettront 2 ans avant d'acquérir leur couleur définitive. Mieux vaut alors qu'ils soient d'un vert lumineux, même si la couleur ambre est permise.

Pas de mélange !

Pour les généticiens, le korat est un chat d'autant plus intéressant que sa lignée est supposée pure depuis des siècles. Aujourd'hui encore, ses éleveurs évitent impérativement de le croiser avec d'autres races.

Le bleu russe

Chat de Malte, chat d'Arkhangelsk, espagnol bleu sont quelques-uns des noms ayant servi à désigner cette race. On la connaît depuis les années 1860, grâce à des marins anglais qui avaient ramené de Russie ce drôle de chat au pelage serré comme celui d'un phoque.

Anglais d'adoption

Surnommé « archange bleu », ce chat fut l'une des vedettes des premières expositions félines anglaises. La race connut ensuite une longue éclipse jusqu'aux années 50, où des éleveurs anglais portèrent le bleu russe à la perfection. Depuis, des éleveurs russes sont même venus en Angleterre pour y chercher de nouvelles souches.

Contrairement au chartreux, il a les yeux verts.

Standard de race

Corps : long et gracieux, délicatement charpenté. Jambes longues et fines, petits pieds ovales. Queue assez longue, effilée à l'extrémité.
Tête : courte, avec un crâne long et plat. Face large, front et nez droits (mais avec une petite cassure à la base du nez). Long cou élégant. Oreilles larges, pointues et droites. Yeux en amande bien écartés.
Fourrure : poil court, épais, serré comme une peluche.
Caractère : chat doux et intelligent. Affectueux, sociable, vit très bien en appartement. Voix douce, adore la présence de son maître.

Bleu russe « classique »

Le bleu russe se reconnaît à ses yeux verts et surtout à sa robe épaisse, pourvue d'un sous-poil dense caractéristique de la race. Sa couleur ? Un bleu-gris uni, égal, sans tache ni rayure.

Le chat de Bombay

Eh bien non, ce chat n'a jamais mis le bout d'une patte en Inde ! Et pour cause : la race a été créée aux États-Unis dans les années 50, dans le but avoué de créer un chat qui puisse évoquer une panthère noire miniature.

Il a la silhouette d'un grand félin.

Savants croisements

Pour mener à bien son pari, l'éleveur croisa des burmeses avec des american shorthairs noirs. De nombreuses générations furent nécessaires avant d'arriver à un résultat concluant : une « petite panthère » était née. Son pelage est noir et ras, serré et luxueux comme du satin. Sa tête est arrondie et proportionnée au reste du corps à la manière des grands félins.

STANDARD DE RACE

Corps : taille moyenne, corps souple et allongé. Queue longue et élégante.
Tête : arrondie, sans aucune surface plate. Nez avec stop bien marqué. Oreilles bien droites, arrondies à leur extrémité. Yeux bien ronds.
Fourrure : poil court et serré, luisant.
Caractère : chat de compagnie, sociable avec les enfants. Voix douce, déteste les bruits trop forts. Appétit modéré.

Chat de Bombay « classique »

D'un noir dense et uni, le poil du chat de Bombay ne doit présenter aucun poil clair, ni marque d'aucune sorte. Les chatons, pourtant, naissent souvent avec des marques tabby qui disparaîtront lentement. Leurs yeux, comme pour le chartreux, seront d'abord bleus, puis gris, avant de virer au jaune orangé définitif.

Le manx

Lorsque Noé ferma les portes de l'arche, raconte la légende, le manx arriva en retard et s'y coinça la queue ! Certains le trouvent affreux, d'autres l'adorent. Ce drôle de chat a plus d'un tour dans son sac !

Le chat-lapin

L'île de Man se situe au large des côtes anglaises. Un paysage de landes humides où, isolés du reste du monde, des générations de chats se sont transmis un gène mutant. L'absence de queue donne au manx un physique étrange, et gêne un peu son équilibre. Ses pattes postérieures sont plus longues que les antérieures : ce chat avance en sautillant comme un lapin dont il possède la fourrure légère et souple.

Manx « classique »

Le manx peut revêtir toutes les couleurs de la gamme habituelle féline : tabby, uni, écaille-de-tortue. De même pour ses yeux, acceptés de tous coloris, à condition qu'ils soient assortis à la robe.

STANDARD DE RACE

Corps : musclé, avec croupe arrondie, flancs larges et pleins. Dos court, courbé, avec l'arrière-train surélevé par rapport aux épaules.
Tête : imposante, large, ronde, joues bien développées, cou solide et court. Long nez, oreilles écartées et un peu arrondies. Yeux larges, ronds et brillants.
Fourrure : sous-poil très dense.
Caractère : chat intelligent et affectueux. Facile à dresser.

Le bobtail japonais

Les Japonais l'appellent Mi-ké. Oui, comme la souris. Là-bas, ce mot signifie « 3 couleurs » : en l'occurrence noir-blanc-roux, les plus prisées pour ce chat réputé porte-bonheur.

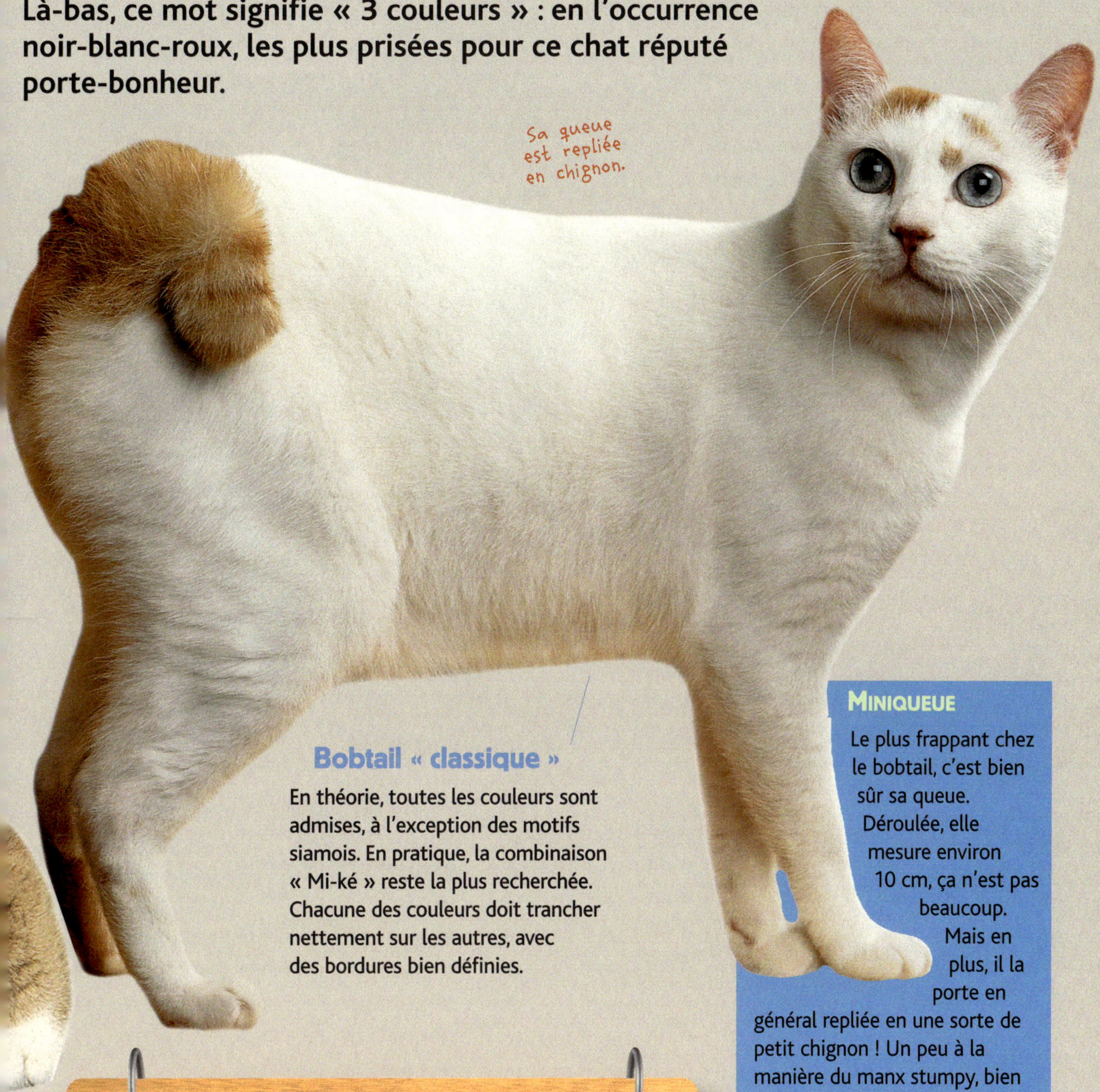

Bobtail « classique »

En théorie, toutes les couleurs sont admises, à l'exception des motifs siamois. En pratique, la combinaison « Mi-ké » reste la plus recherchée. Chacune des couleurs doit trancher nettement sur les autres, avec des bordures bien définies.

Miniqueue

Le plus frappant chez le bobtail, c'est bien sûr sa queue. Déroulée, elle mesure environ 10 cm, ça n'est pas beaucoup. Mais en plus, il la porte en général repliée en une sorte de petit chignon ! Un peu à la manière du manx stumpy, bien qu'il n'existe aucun lien entre les 2 races. Le bobtail serait arrivé de Chine au Japon voici plus de 1 000 ans. Célébré par les poètes, il fut aussi un sujet favori des peintres qui le représentaient souvent avec la patte levée, en signe de salut gracieux.

Standard de race

Corps : de taille moyenne. Mince, élégant, mais bien musclé.
Tête : en triangle presque équilatéral. Museau long, légèrement arrondi. Larges oreilles bien droites, arrondies aux extrémités.
Fourrure : poil moyennement long, doux et solide. Sous-poil peu abondant.
Caractère : chat affectueux et très vivant. S'attache à la famille entière, plus méfiant avec les autres chats.

Les chats rex

Le terme « rex » désigne tous les chatons (ou les lapins !) qui naissent pourvus de cette extraordinaire fourrure frisée.

Rex devon

Le rex devon est le plus « nu » des 3 rex et n'a pas toujours des moustaches. Sa poitrine peut être totalement chauve, ce qui en concours est considéré comme un défaut.

Très joueur, il apprécie beaucoup les enfants.

Une longue histoire

Acte I : 1946, à Berlin (Allemagne). Une chatte « gouttière » met au monde une portée d'étranges chatons frisés. Dépourvus de poil de jarre (ou poil de protection), ils ont le sous-poil et le duvet mélangés et serrés en petites boucles. Intriguée, une généticienne fixe à partir de ces drôles de chats la race « german rex ».

STANDARD DE RACE

Corps : de longueur moyenne, ferme et musclé. Pattes longues et minces, petits pieds ovales. Queue longue, fine et pointue, couverte de poil court.
Tête : triangulaire aussi, mais avec des joues plus pleines. Nez plus court agrémenté d'une nette cassure (stop). Oreilles très grandes et bien écartées. Yeux ovales, clairs et intenses.
Fourrure : très courte et fine, un peu moins ondoyante et plus rêche que celle du rex cornish.

Acte II : 1950, dans une ferme de Cornouailles (Angleterre). Une chatte écaille et blanc met au monde un chaton rex au pelage en tout point semblable au german, mais avec un corps plus fin, de type oriental. Ici encore, la race est fixée en « cornish rex ». Les éleveurs croisèrent alors les 2 souches obtenant encore des chatons rex, preuve qu'il s'agissait bien au départ du même gène mutant.

Acte III : 1960, dans le Devon (Angleterre), apparaît dans une portée de british shorthairs un chaton rex assez différent : il possède bel et bien un poil de jarre, mais il est frappé d'une mutation qui rend sa fourrure fine et souple comme du duvet. Et cette fois, il ne s'agit plus du même gène, puisque le croisement avec le rex cornish ou le rex german ne produit jamais que des chatons au pelage désespérément normal !

LE GERMAN REX

Aujourd'hui, le rex « originel » est un peu délaissé, car les fédérations anglaises et américaines le confondent avec le rex cornish, dont il est génétiquement proche. Pourtant, ce chat possède une allure plus ronde, une tête plus sympathique, et il a aussi bon caractère que les autres.

Son manteau naturel n'est pas bien épais.

Rex cornish

Arrivé aux États-Unis en 1957, le rex cornish est aujourd'hui apprécié dans le monde entier, sous de très nombreuses couleurs. Chez lui, la robe est formée par le sous-poil et le duvet relativement courts, sans poils du dessus ni jarres plus longs. Tous les poils sont bouclés et ondulés, y compris les moustaches !

Standard de race

Corps : de type légèrement oriental. Longueur moyenne, gracile et bien musclé. Pattes longues, petits pieds ovales. Queue longue, fine et pointue, recouverte de poil ondulé.

Tête : triangulaire, moyennement longue. Moustaches et sourcils longs et frisés. Grandes oreilles arrondies, couvertes de poil fin.

Fourrure : courte et dense, en ondulations serrées comme de la peluche.

Toutes couleurs

Chez les rex, la plupart des couleurs sont admises, pour le corps comme pour les yeux. Mais chaque animal concourt bien sûr dans sa propre catégorie, cornish ou devon.

Caractère (pour tous les rex)

Chats affectueux, indépendants, vifs et curieux. Tous les rex sont d'excellents « copains ». Ces chats réclament assez peu d'entretien pour leur toilette, mais attention : ils ont besoin de bien manger, et craignent le froid.

Le sphinx

Un chat sans poils ? Quelle horreur, pensent la plupart des gens. Son arrivée en Europe provoqua même l'indignation de nombreux amis des bêtes. Depuis, les passions sont retombées, mais on regarde avec toujours autant de curiosité ce chat qui peut aussi attraper des coups de soleil !

Sa peau est douce et chaude au toucher, un peu comme celle du daim.

Sphinx « classique »

Non, le sphinx n'est pas complètement nu : il possède un duvet très court sur la face, les oreilles et la queue. Noir, blanc, bleu, brun : toutes les couleurs de peau sont permises. Les rides sur la tête ne doivent pas être exagérées, pas plus que sur le corps.

Loin de l'Égypte

À la fin du XIXe siècle les « chats nus du Mexique » étaient déjà connus. En 1936, en France, le professeur Étienne Létard en avait même entrepris l'élevage que la guerre devait interrompre. C'est au Canada, en 1966, qu'eut finalement lieu le départ « officiel » de la race, à partir d'une mutation spontanée d'un seul chaton.

STANDARD DE RACE

Corps : élancé, à la musculature légère. Pattes de longueur moyenne. Longue queue pointue, très fine.
Tête : pas trop triangulaire. Nez court, muni d'un stop. Oreilles grandes et larges, arrondies à l'extrémité. Moustaches souvent absentes.
Fourrure : poil très court, ressemblant à du daim sur la face, les oreilles, les pattes, la queue et l'échine.
Caractère : chat sociable, affectueux. Doit vivre à l'intérieur, car il est très sensible au froid.

Le california spangled

En 1972, un scénariste de Hollywood, apprenant que le dernier léopard de Tanzanie venait d'être abattu, décida de chercher à créer un chat ressemblant le plus fidèlement possible au félin disparu. Cette histoire-là n'est pas du cinéma !

Douze générations

Armé de sa science et de toute sa patience, ce scénariste éleveur mélangea les sangs de siamois, de shorthair, de manx et d'autres chats exotiques jusqu'à obtenir, à la douzième génération, un chat répondant à ses désirs. Il ne lésina pas sur les moyens : le california spangled fut « lancé » en 1986 à grands renforts de publicité. Ce qui déplut fortement à la plupart des associations félines, qui refusent encore de reconnaître la race.

Standard de race

Corps : de taille moyenne, musclé, mais aux formes arrondies.
Pattes moyennement longues, démarche souple.
Tête : moyenne, de forme arrondie. Oreilles assez courtes, aux extrémités arrondies.
Rayures sombres sur la tête.
Fourrure : courte, douce et lisse. Un peu plus longue sur le ventre.
Caractère : chat gentil, doux, s'attache à son maître et apprécie la vie casanière.

California « classique »

Le california spangled porte toujours sur sa robe à peu près le même dessin, composé de taches et de rayures bien nettes. La robe, elle, se décline aujourd'hui en plusieurs teintes : or, argent, bleu. Il existe même une variété appelée « snow leopard » (panthère des neiges) dont les petits naissent blancs et dont les marques mettent 18 mois à se développer.

Il est tacheté comme une panthère.

Le mau égyptien

Mau égyptien silver (argenté)

Ce chat en vérité n'existe plus depuis 3 000 ans ! Mais sur les fresques et les papyrus de l'Égypte ancienne, sa silhouette a traversé le temps. Un vrai défi pour les éleveurs, qui ont longtemps travaillé pour recréer cette race.

Mau égyptien bronze

« Made in USA »

Les premiers essais eurent lieu en Angleterre dans les années 1900. À partir de siamois tabby point, on provoqua une variété au pelage moucheté, qui fut pendant quelque temps appelée « mau ». Mais, dans les années 50 aux États-Unis, d'autres éleveurs reprirent l'appellation pour leurs propres animaux, bien plus ressemblants aux chats antiques, et développés à partir de vraies souches égyptiennes.

L'ocicat

Dans les années 60, une éleveuse américaine souhaitait fixer des marques tabby sur un siamois. Elle croisa pour cela une chatte abyssin avec un chat siamois et obtint de très beaux chatons au pelage inattendu !

La force tranquille

Proche du mau égyptien, l'ocicat ne porte pas les marques tabby traditionnelles, mais un pelage moucheté comme celui de l'ocelot (d'où son nom !). Assez grand, il peut facilement peser de 5 à 7 kg et dégage une impression de force. Sa robe « traditionnelle » est crème, avec des taches chocolat plus ou moins foncé. Comme pour le mau égyptien, on rencontre aussi des ocicats argent ou bronze.

En Europe, le premier chaton est né en 1984.

Ocicat « classique »

La robe entière de l'ocicat, à part le bout de la queue, est composée de poils tiquetés (marqués d'une bande sombre). Les mouchetures sont visibles sur tout le corps et bien nettes, sauf en période de mue où elles deviennent plus floues. En concours, on exige des yeux jaunes, et surtout pas bleus !

Standard de race

Corps : de grande taille, bien proportionné. Musculature solide. Jambes longues. Queue longue s'effilant en pointe.
Tête : bien proportionnée aux traits anguleux. Museau fin, oreilles grandes et pointues.
Fourrure : dense et fine.
Caractère : chat amical et sociable, comme l'abyssin et le siamois. Actif, plutôt joueur, mais pas trop bavard.

Signe sacré

Le mau égyptien est un très beau chat au physique un peu exotique, proche de l'abyssin. Contrairement au tabby classique, les marques de sa robe se composent de taches séparées, distribuées au hasard sur le corps. Sur sa face et sa tête, des lignes semblent tracées au crayon gras : sur les plus beaux chats, on peut y voir dessiné le scarabée sacré des pharaons !

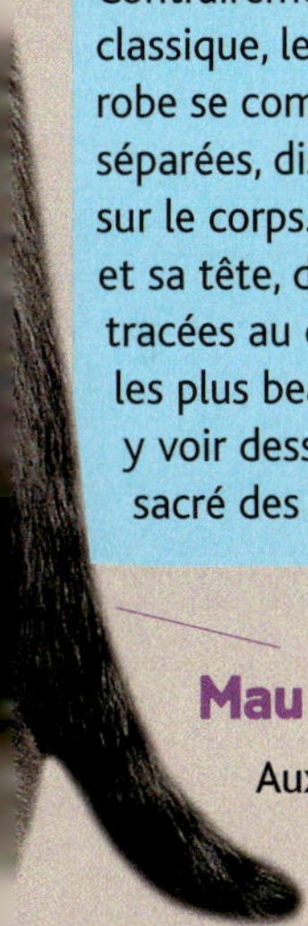

Mau égyptien

Aux États-Unis, le mau égyptien est reconnu avec 3 couleurs de base : bronze (bronze pâle avec marques brunes), silver (argenté avec marques charbon), et smoke (gris et argent, marques noires). La queue porte de larges bandes bien nettes, et les yeux sont si possible verts, mais on les tolère aussi jaunes ou noisette.

Standard de race

Corps : taille moyenne, bien proportionné et équilibré. Pattes très longues. Queue longue, s'effilochant légèrement à l'extrémité. Les femelles sont un peu plus minces.
Tête : légèrement arrondie, avec un museau doucement pointu. Grandes oreilles très mobiles, larges à la base, translucides et roses.
Fourrure : texture fine, soyeuse, dense et lustrée.
Caractère : Chat doté d'un bon caractère, calme et affectueux. Chat d'appartement à la voix mélodieuse. Un peu réservé avec les étrangers.

Le balinais et le javanais

Foin de Java ni de Bali : ces chats nous viennent des États-Unis ! Ou plutôt « ce » chat, car le javanais n'est autre qu'une variété de balinais, lequel n'est lui-même qu'un siamois à poil long. Le monde des chats de race est parfois compliqué !

Balinais blue point

Mêmes caractéristiques que le seal point, sauf que la robe est d'un blanc glacé légèrement marqué de bleu sur le dos, avec des pointes d'un bleu-gris foncé.

La voix du balinais est encore plus forte que celle du siamois.

Rêves exotiques

Des siamois à poil long (ou plutôt mi-long), il en apparaissait parfois spontanément dans les portées de chatons. Mais les éleveurs les dédaignaient, et ce ne n'est que dans les années 40 qu'on entreprit d'en fixer la race. Ils furent d'abord appelés « siamois à poil long » (siamese longhair), mais ce nom fut bientôt officiellement refusé. Comme on trouvait l'animal gracieux, on l'appela « balinais », en hommage aux danseuses d'Indonésie.

Siamois bis

Très vite, les éleveurs développèrent sur les balinais les 4 couleurs de base du siamois : seal, blue, chocolate et lilac, qui furent toutes reconnues officiellement en 1970 par la CFA américaine. En France, les balinais sont admis en concours depuis 1983, mais ces chats restent encore très rares en Europe.

STANDARD DE RACE

Corps : long et svelte, élégant, bien musclé. Épaules pas plus larges que les hanches. Cou long, élancé. Queue longue et fine, s'effilochant en pointe.
Tête : grandeur moyenne, triangulaire. Oreilles grandes et pointues. L'extrémité du menton est à la verticale de l'extrémité du nez. Yeux en forme d'amande, légèrement en oblique.
Fourrure : longue, fine, soyeuse, mais sans sous-poil laineux.
Caractère : chat sociable et affectueux. Le balinais est actif, acrobate, un peu exclusif (il adore son maître !). Il miaule volontiers, d'une voix forte comme le siamois, mais plus mélodieuse.

Balinais seal point

C'est la couleur traditionnelle du balinais comme du siamois. La robe se dégrade du fauve clair jusqu'au crème, plus pâle sur le ventre et la poitrine. Le masque brun foncé couvre toute la face (sauf le front), et les pointes (oreilles, queue, extrémité des pattes) sont de la même couleur chaude.

Il se montre réservé envers les étrangers.

De Bali à Java

Les éleveurs sont incorrigibles : ils cherchent toujours à développer de nouvelles variétés à partir de la même race. On vit alors apparaître des chats au poil roux, uni, tabby, écaille-de-tortue… Mais les juges décidèrent qu'il n'était pas question d'accepter ces chats comme balinais. C'est ainsi que fut créée une nouvelle « race » appelée « javanais ». D'une île à l'autre, aussi fantaisiste l'une que l'autre.

Pas d'embrouille !

Les javanais ne sont reconnus officiellement qu'aux États-Unis. En Europe, on les appelle aussi « balinais ». Tous ces chats possèdent une robe longue et soyeuse, sans sous-poil, et sans non plus le collier caractéristique des autres races à poil long. Conséquence pratique : la fourrure des balinais s'emmêle moins facilement !

Le birman

Attention, ne pas confondre avec le burmese, chat à poil court et d'origine très récente ! Le birman, lui (appelé aussi « chat sacré de Birmanie »), descendrait en ligne droite des animaux vénérés depuis des siècles dans les temples bouddhistes.

Ce chat est très recherché !

Birman lilac point

Chez lui, la robe aura de jolis reflets magnolia, contrastant avec le rose-gris des pointes. Mais comme tous les birmans, les chatons naissent unis, les colorations n'apparaissant qu'au bout de quelques mois.

Légende...

Jadis en Birmanie, les très sages moines kittahs vénéraient une déesse aux yeux bleu saphir et vivaient entourés de chats supposés être la réincarnation des moines disparus.
Un jour, Mun-Hà, le plus vieux des moines, mourut en pleine méditation. Son chat Sinh bondit alors sur la tête chauve de son maître, et l'âme du vieillard passa dans le corps du chat. Le bout de ses pattes prit la couleur ivoire du crâne tandis que ses yeux virèrent au bleu, comme ceux de la déesse. Ainsi naquit le chat sacré de Birmanie.

Il porte des traces évoquant celles du siamois.

... Et réalité

La version « officielle » est nettement moins poétique. Le birman serait arrivé en Europe vers 1910, puis la race aurait été fixée (et sans doute croisée avec des persans) par des Français. C'est en France que la race fut reconnue, dès 1925. Assurée d'une belle réussite, elle faillit pourtant disparaître lors de la Seconde Guerre mondiale. Dans les années 50, on ne connaissait plus en France qu'un seul couple authentique, dont descendent aujourd'hui tous les birmans avec pedigree !

Pattes blanches

La particularité des birmans, ce sont bien sûr ces drôles de « gants » blancs qu'ils arborent sur les pieds. Leur couleur doit être absolument pure, sans marque d'aucune sorte. On apprécie qu'ils soient bien symétriques, se terminent en pointe au talon, et ne remontent surtout pas trop haut sur les pattes.

Il a le corps très allongé et il est plutôt bas sur pattes.

Birman blue point

Ici, la robe blanche est soulignée de pointes bleues. Chez le birman, le poil doit être plus long au niveau du collier, et être bien réparti sur le dos et les flancs. Comme un persan, il doit être brossé assez souvent.

Birman seal point

C'est la forme traditionnelle du birman : la robe est d'un beau crème très pâle, tandis que les marques (et la truffe) sont d'un beau brun doré. La lueur du dos est un peu plus visible chez les mâles. Les coussinets, eux, peuvent être roses ou seal.

Standard de race

Corps : de taille moyenne, massif, plutôt allongé. Pattes courtes et solides, avec des pieds arrondis.
Tête : ronde et large, à l'ossature robuste. Front légèrement bombé. Pas de stop. Oreilles si possibles petites, mais pas trop arrondies. Yeux légèrement bridés.
Fourrure : longue sur le dos et les flancs, mi-longue ailleurs. Peu de sous-poil.
Caractère : tranquille, plutôt casanier. Chat affectueux, qui a tendance à être un peu dépendant de son maître. Les femelles sont très prolifiques.

L'american curl

En 1981, un couple d'éleveurs californiens recueillait une petite chatte aux oreilles curieusement inclinées vers l'arrière, comme sous l'effet du vent, et constatait avec surprise que le caractère se transmettait aux chatons ! Une race était née.

Drôles d'oreilles !

Croissant de lune

À cause d'une anomalie génétique, les oreilles de l'American curl ont un cartilage moins ferme que la normale. Elles ne doivent pas être roulées, mais renversées en arrière, s'incurvant l'une vers l'autre au-dessus du crâne, en forme de croissant de lune. C'est une race difficile à élever, car beaucoup de chatons naissent avec des oreilles normales.

American curl tabby

bicolore

Les oreilles de l'american curl atteignent leur forme définitive vers le 6e mois.

Originairement à poil mi-long, l'american curl existe aussi avec un pelage court. Dans les 2 cas, toutes les couleurs sont admises : unicolore, bicolore, tabby, colour point. Le juge regardera surtout la forme des oreilles, dont l'intérieur doit être tapissé de poils longs et élégants. Par souci esthétique, les éleveurs ne le font pas tatouer à l'oreille, mais à la cuisse.

STANDARD DE RACE

Corps : de taille moyenne, long et souple. Pattes longues, ossature fine. Queue longue et bien touffue.
Tête : en forme de triangle adouci, plus long que large. Menton ferme, yeux ronds et légèrement étirés sur le côté.
Fourrure : de texture soyeuse, sans sous-poil.
Caractère : chat sympathique, calme, curieux. Il miaule beaucoup, mais il a une voix douce.

Le scottish fold

Son nom signifie littéralement « écossais plié ». À cause de ses oreilles, bien sûr : rabattues en casquette sur le crâne, elles donnent à ce chat un air que les hommes trouvent étonné et triste. Mais le pire, c'est quand un chat « normal » croit que le scottish fold replie les oreilles pour se battre !

Drôle de gène

Le premier chat aux oreilles repliées aurait été ramené de Chine en 1880. La race ressurgit en 1961, en Écosse. Comme pour l'american curl, il s'agit là d'une mutation spontanée occasionnée par un gène dominant et transmissible. Autre point commun, ses oreilles sont droites à la naissance, et ne seront complètement repliées qu'à l'âge adulte.

Les Anglais pensaient que ses oreilles favorisaient l'apparition des parasites.

Scottish fold « classique »

Comme pour l'européen, les couleurs du scottish fold sont presque illimitées. Ses robes les plus prisées restent les bicolores : noir et blanc, bleu et blanc. Quant aux yeux, ils doivent être assortis au pelage.

Standard de race

Corps : ni grand ni massif. Court et compact, arrondi comme l'européen. Pattes de longueur normale. Queue plutôt courte, et assez épaisse.
Tête : large et ronde, sur un cou solide et court. Yeux ronds et larges.
Fourrure : poil court à mi-long. Dense, doux et élastique.
Caractère : chat calme, sociable et très affectueux. Résistant au froid, mais se plaît aussi en appartement.

Le ragdoll

« Poupée de chiffon » : un drôle de nom pour un drôle de chat ! La légende raconte qu'une chatte persane, blessée dans un accident de la route, mit au monde des chatons au comportement incroyable.

Un chat « mou »

En 1960, un éleveur californien présente des chats extraordinaires : le corps aussi mou qu'un sac de lentilles, ils seraient insensibles à la douleur et inconscients du danger. Tout cela, affirme-t-il, à cause de l'accident survenu à leur mère. En réalité, les spécialistes pensent qu'il s'agirait plutôt d'un gène mutant.

Il est très doux mais pas aussi fou qu'on croit.

Ragdoll « classique »

Les premiers ragdolls portaient les marques « point » et les gants blancs du birman, dont ils sont assez proches. Mais la race existe aujourd'hui en bien d'autres couleurs, et les gants ne sont plus obligatoires. Principaux défauts à éviter : des yeux qui louchent, un museau trop long, une queue déformée.

STANDARD DE RACE

Corps : grand et lourd, femelle un peu plus petite. Pattes courtes et solides. Queue robuste aux poils longs.
Tête : plutôt arrondie, avec des joues larges. Nez court. Yeux obliques.
Fourrure : épaisse, poil long à mi-long, mais facile à démêler.
Caractère : chat extrêmement doux et paisible. Idéal en appartement. Très patient avec les enfants.

Mais pas si fou !

Pourtant, loin d'être le « monstre » décrit, ce chat n'est pas du tout insensible à la douleur. Ce qui est vrai en revanche, c'est que lorsqu'on le caresse, le ragdoll relâche tous les muscles de son corps et devient aussi mou qu'une poupée de chiffon. Reconnu aux États-Unis dès 1965, il demeure assez rare en Europe.

Le somali

Dans les années 30 aux États-Unis, une femelle abyssin mit au monde des chatons à poil long. Loin de les rejeter, l'éleveur décida d'accoupler ces chats ensemble, donnant ainsi le coup d'envoi d'une race aujourd'hui reconnue comme un des plus beaux succès de l'élevage félin.

Somali sorrel

Sa robe est de couleur cuivre dégradé vers l'abricot, avec un tiquetage chocolat. La truffe est rose foncé, cernée de brun-rouge, et les coussinets roses. À l'heure actuelle, il existe 2 autres couleurs reconnues par la FIFé le bleu et le beige.

Un air sauvage

Le charme du somali, c'est bien sûr sa fourrure. Sur une robe mi-longue, on apprécie la présence de poils très longs sur le collier, le ventre, la culotte, ainsi que de belles touffes dépassant des oreilles et une queue en panache. Et puis il y a le fameux tiquetage, une ou plusieurs bandes sombres sur les poils qui lui donne un air de vrai petit fauve.

Standard de race

Corps : un peu plus grand que l'abyssin. Pattes fines et longues. Dos légèrement arqué. Queue longue, forte, très touffue.
Tête : arrondie, avec un museau pas trop pointu, un front bien large et sans cassure. Oreilles larges. Yeux verts ou dorés, d'une teinte riche, bordés d'un trait sombre noir.
Fourrure : douce au toucher. Fine et le plus dense possible.
Caractère : chat affectueux, joueur et intelligent, mais méfiant avec les étrangers. Bon souricier et chasseur de petit gibier. Préfère un jardin.

Somali lièvre

Ici, la robe est d'un riche brun doré tiqueté de noir, se dégradant vers l'orange sur le ventre, l'intérieur des pattes et la poitrine. La truffe est rouge brique, cerclée de noir, et les coussinets noirs ou brun très foncé.

Les angoras

Pendant plusieurs siècles, il fut « le » chat à poil long. Puis, il manqua de disparaître. Aujourd'hui, la race a repris du poil de la bête, mais attention : un angora peut en cacher un autre !

Une longue histoire

Angora était l'ancien nom d'Ankara, la capitale de la Turquie. C'est là, selon la légende, que naquirent les premiers chats à poil long. On pense qu'il s'agissait au départ d'une mutation génétique. Le terme a été repris pour d'autres animaux : il existe aussi des lapins, et surtout des chèvres angoras dont on tire la laine « mohair ».

Il était connu en Europe dès le XVIe siècle.

Angora turc blanc

C'est la couleur d'origine de la race. Le poil doit être uniformément blanc, sans marque d'aucune sorte. Les yeux sont orange, bleus (mais le chat est souvent sourd), ou si possible vairons (un œil de chaque couleur).

Au fil des saisons

Parce qu'il ne possède pas de sous-poil, le pelage de l'angora connaît des variations bien plus importantes que celui du persan. Très épais en hiver, on pourrait le confondre en été avec un chat à poil court !

Sauvé par le zoo

Au XIXe siècle, dans les premières expositions félines modernes, le chat angora n'avait plus guère la cote. Le public lui préférait les persans, au pelage plus épais et au corps plus compact. Peu à peu, la race dépérit, et menaçait même de s'éteindre, lorsque les responsables du zoo d'Ankara décidèrent en 1960 d'en réorganiser l'élevage.

« Vrai » turc

En 1963, à la demande d'éleveurs, le gouvernement turc autorisa l'exportation aux États-Unis d'un premier couple issu du zoo d'Ankara, suivi d'un second en 1966. À partir de ces 4 chats, on développa outre-Atlantique une nouvelle souche, baptisée « turkish angora » et reconnue par la CFA en 1970.

Et « faux » anglais !

Pendant ce temps-là en Angleterre, les éleveurs avaient entrepris de « recréer » entièrement la race à partir de chats orientaux. Appelée simplement « angora », cette nouvelle race fut reconnue en 1975.

Une nouvelle robe pour une vieille race.

Angora et angora turc se ressemblent beaucoup.

Angora blanc

Un peu plus longue, et un peu moins ronde, la tête de l'angora ne saurait être confondue par un spécialiste avec celle d'un angora turc. Et surtout, il est interdit de croiser les 2 races.

Angora turc noir

Les puristes se sont fait une raison : l'angora turc n'est plus forcément blanc, car après le noir apparurent aussi les bleus, les tabby, les argentés, les calicos et les multicolores.

Standard de race (angora turc)

Corps : robuste, mais plus allongé et souple que celui du persan. Taille petite ou moyenne, mâle légèrement plus grand. Ossature fine, membres longs, surtout les pattes postérieures. Queue longue et effilée.
Tête : de taille moyenne, plutôt arrondie. Front large, menton ferme. Oreilles moyennes, bien dressées et arrondies. Nez mi-long, sans cassure. Yeux en amande.
Fourrure : de longueur moyenne, souple et soyeuse. Sans sous-poil mais très épaisse sur le cou, le ventre et la queue. Touffes de poils sur les oreilles et entre les orteils.
Caractère : chat doux et affectueux. Le chaton est précoce et très joueur, et même l'adulte apprendra volontiers des tours.

Le turc Van

Son nom complet est « chat turc du lac de Van » : une région montagneuse et isolée à l'est de la Turquie, où s'est développée cette race très proche de l'angora. Mais en plus du marquage unique de sa robe, le turc Van possède une autre caractéristique rarissime dans le monde félin.

Turc Van « classique »

Même s'il en existe aujourd'hui plusieurs variantes, la couleur de base du turc Van reste un blanc pur, avec un marquage roux très précis. Sur la tête, 2 marques symétriques à la base des oreilles ; sur la croupe, une tache s'allongeant jusqu'à l'extrémité de la queue très épaisse. Comme pour l'angora, les yeux seront bleus, orange ou vairons.

Ami de l'eau et des hommes

Au XVIIe siècle déjà, des voyageurs évoquaient cet animal étonnant. Loin de se méfier de l'eau comme tous les autres chats, le turc Van adore s'y baigner et se révèle même un excellent nageur ! Seule condition à ce prodige : il doit être habitué très jeune. Doux et affectueux, il est très populaire en Turquie, où les éleveurs s'appliquent à conserver la race pure. Importé en Angleterre en 1955, il fut reconnu dès la fin des années 60 par la plupart des associations d'Europe.

Standard de race

Corps : semblable à l'angora, robuste et assez allongé. Épaules musclées. Pattes de longueur moyenne, pieds ronds. Queue bien fournie.
Tête : courte, en forme de coin. Nez droit, de longueur moyenne. Oreilles grandes et touffues, roses à l'intérieur. Yeux grands et ovales.
Fourrure : dense et souple, mais dépourvue de sous-poil laineux. En hiver, aussi belle que celle du persan. En été, beaucoup moins abondante.
Caractère : chat intelligent, affectueux. Un peu exclusif parfois, et doté d'une voix très mélodieuse.

Le maine coon

La légende voudrait qu'il soit né des amours d'un chat errant et d'un raton laveur (*racoon*). Bien sûr, c'est impossible. Ce qui est certain, c'est que le maine coon est le plus grand de tous les chats : le record connu pour un mâle non castré est de 14 kg !

Après une longue période d'oubli, il revient en force dans les années 50 et conquiert l'Europe.

Maine coon « classique »

Il existe aujourd'hui plus de 25 variétés reconnues en concours : uni, tabby, tabby et blanc, smoke. Mais le maine coon n'est pas une race très prolifique. Une portée par an seulement, de 2 ou 3 chatons qui grandiront lentement pour atteindre leur maturité vers l'âge de 4 ans.

Le géant d'Amérique

Il est d'abord « le » chat américain par excellence. Sa présence y est attestée depuis 3 siècles. On pense qu'il s'agissait au départ d'un croisement entre un chat haret et un angora, ou un autre chat à poil long. Ce qui frappe chez lui, c'est sa taille : un mâle peut peser 7 à 8 kg, le double d'un chat normal. Très robuste, le maine coon est adapté aux climats les plus rudes. Il possède même des poils entre les doigts pour prendre appui sur la glace !

STANDARD DE RACE

Corps : moyen à grand, allongé mais de silhouette rectangulaire. Poitrine large. Pattes fortes et musclées. Queue longue, large à la base et pointue.
Tête : grosse, ronde et large. Pommettes hautes, menton fort. Grandes oreilles avec plumets. Yeux grands et bien écartés (toutes couleurs acceptées).
Fourrure : serrée, courte sur la tête et les épaules, plus longue sur le ventre et les pattes arrière. Sous-poil fin et soyeux, poil supérieur brillant.
Caractère : chat intelligent, affectueux. Il aime la compagnie et a de l'énergie à revendre : mieux vaut pouvoir lui offrir un jardin.

Le skogkatt

Plus connu sous le nom de « chat des forêts norvégiennes », il ressemble beaucoup au maine coon. Ayant eu à affronter la vie sauvage et des hivers très rudes, les 2 souches ont logiquement évolué dans le même sens.

Chat de légende

Nul ne sait quand est apparu le skogkatt, mais il figure en bonne place dans la mythologie norvégienne. Les fables du XIXe siècle le décrivent comme un « animal-fée pourvu d'une longue queue touffue ». Dans les années 30, il fait son apparition dans les concours félins, et connaît depuis un succès certain.

Skogkatt « classique »

Toutes les couleurs sont aujourd'hui admises chez le skogkatt, même les combinaisons bicolores ou tricolores. Ce « sauvage » possède aussi des griffes très développées, qui lui permettent de grimper aux arbres et même aux rochers !

Standard de race

Corps : long et musclé. Poitrine large. Pattes arrière plus longues que les antérieures. Queue longue et très fournie.
Tête : plutôt triangulaire, avec un profil droit, sans « cassure ». Nez long et droit. Menton solide. Oreilles hautes, avec plumets aux extrémités.
Fourrure : très épaisse avec un sous-poil laineux. Collier abondant, « barbe » descendant des joues.
Caractère : chat affectueux et énergique. Déconseillé en appartement. Il a besoin de se dépenser et sera heureux dans un jardin.

Super doudoune

Le skogkatt possède une double fourrure renforcée par des sécrétions huileuses. Elle est si épaisse que le doigt y laisse une marque profonde. L'épaisseur du pelage varie en fonction des saisons. Mais, en été, des touffes de poil sur les orteils et la queue permettent de l'identifier à coup sûr.

Le sibérien

« Chat des forêts sibériennes » est son nom officiel complet. Voici un petit félidé aux allures sauvages qui a dû lui aussi évoluer pour résister au froid sibérien ! Mais il demeure encore très peu connu en dehors de son pays d'origine.

STANDARD DE RACE

Corps : moyen à grand. Silhouette robuste, avec des pattes assez longues. Queue longue et épaisse, pointue à l'extrémité.
Tête : ronde et large. Mâchoire solide. Nez long, oreilles larges fourrées de poils longs. Yeux ronds, légèrement en oblique.
Fourrure : très épaisse et serrée, surtout l'hiver. Plus courte sur la tête et le dos, longue sur le ventre, la collerette et les pattes postérieures.
Caractère : chat actif et intelligent. Excellent chasseur, a besoin de beaucoup se dépenser.

Vieux de la vieille

Il serait connu en Russie depuis le XIe siècle. Comme le maine coon ou le skogkatt, c'est le chat de ferme typique : intelligent et vif, redoutable chasseur de rats, il est muni d'une santé à toute épreuve. Depuis une dizaine d'années, il intéresse les scientifiques qui voient en lui un ancêtre possible de tous les chats à poil long, y compris les persans et les angoras.

Sibérien « classique »

Le chat des forêts sibériennes est encore ignoré par la plupart des associations félines. Il n'existe donc pas vraiment de standard officiel. Mais la plupart des chats portent des marques tabby, sur une robe dans les tons brun doré. On pense que ces marques sont dues à des croisements probables avec des chats sauvages.

Les persans unis

Pour la plupart des gens, il est « la » star féline par excellence. Le persan représente à lui seul les 2/3 des chats de race en Europe ! C'est aussi un compagnon exigeant, dont la robe doit être peignée presque chaque jour.

Persan roux

C'est une variété rare et difficile à obtenir, car la robe est souvent marquée d'un tabby plus sombre. Le standard officiel exige pourtant un pelage rouge orange uni, sans la moindre rayure ni trace de blanc. La truffe et les coussinets sont d'un rouge brique, et les yeux orange brillent comme nulle part ailleurs.

D'où vient-il ?

Malgré toutes les légendes, la race des persans n'est pas très ancienne. Développés à partir d'angoras, ils sont le fruit du travail d'éleveurs anglais vers le milieu du XIXe siècle. Différent de l'angora par la morphologie, le persan l'est aussi par son pelage plus doux et soyeux, muni d'un abondant sous-poil.

STANDARD DE RACE (POUR TOUS LES PERSANS)

Corps : grand ou moyen, massif, avec la poitrine large. Pattes courtes et robustes. Pieds grands et ronds. Queue longue, large à la base et pointue.
Tête : ronde et massive, avec un crâne large. Joues bien développées, front bombé. Nez court. Cou moyen. Oreilles petites, arrondies, très écartées et placées assez bas sur le crâne.
Fourrure : abondante, épaisse, souple. Plus courte sur les épaules et la tête, plus longue sur le ventre et les pattes arrière. « Crinière de lion » appréciée. Sous-poil souple et fin, poil supérieur brillant. Queue en panache.
Caractère : placide, calme et assez peu démonstratif. Le persan est un vrai chat d'intérieur, intelligent et très attaché à son maître.

Persan bleu

Le premier persan bleu fut obtenu en croisant des noirs avec des blancs. Puis, l'élevage sélectif a peu à peu affiné cette belle couleur lavande qui en fait un chat très apprécié. Toutes les nuances sont admises, mais on préférera en général un bleu clair. La truffe et les coussinets sont bleu-gris, et les yeux orange sombre ou cuivre.

Persan blanc

Comme ses beaux yeux bleus le rendent sourd, on a créé des persans blancs à yeux orange ou vairons, où seul le côté de l'œil bleu peut être atteint de surdité. Les coussinets et la truffe sont roses, et le nez un poil plus court que celui du persan noir.

Persan crème

C'est l'une des plus récentes variétés de persans unis. On recherchera chez lui son ton crème pastel uniforme, le plus pâle possible. Bizarrement, la plupart de ces chats sont des mâles, et les rares femelles sont de médiocres reproductrices.

Persan noir

Ce fut la première variété de persans reconnue, dès 1871 en Angleterre. La robe doit être d'un noir de jais, unie jusqu'aux racines et sans le moindre poil clair. Attention : une exposition prolongée au soleil peut faire virer le pelage au brun ! La truffe et les coussinets ? noirs aussi. Quant aux yeux, ils devront être orange vif ou cuivre.

Précieux unis

En Angleterre, le persan est appelé « longhair » (poil long). Il existe 80 couleurs admises en coucours. Les unicolores sont les plus recherchés, car il est difficile d'obtenir des robes uniformes. Chaque couleur est jugée comme une race séparée, dont le standard peut être légèrement différent des autres.

Les persans chinchillas

Le chinchilla, le vrai, est un petit rongeur du Chili à la splendide fourrure gris perle. C'est en la reproduisant sur un chat persan, que les Anglais ont réussi une des plus belles créations du monde félin.

Yeux d'émeraude

Obtenu en croisant un persan smoke avec un persan argenté, il est considéré par beaucoup d'amateurs comme le roi des chats de race, grâce à son superbe pelage aux reflets gris-argent. Sur certaines parties du corps, l'effet est produit par un tipping noir du poil, sur 1/8 de sa longueur. Ses yeux sont d'un vert profond et cerclés d'un mince trait noir.

Chinchilla « classique »

Blanche la couleur du sous-poil, blanche aussi celle du pelage, sauf sur la tête, le dos et la queue, marqués d'un tipping noir bien homogène. La truffe est rouge brique cerclée de noir, et les coussinets noirs.

Chinchilla caméo

Il existe plusieurs variétés de chinchilla, dont les plus appréciés possèdent un tipping chocolat ou lilas. Une autre variété fameuse est le caméo (camée), obtenu par croisement avec un persan roux, ce qui lui donne un poil au reflet rose.

Les persans smoke

En français, on l'appelle le « persan fumé ». Au repos, on ne le distingue pas forcément d'un autre persan au pelage uni. Mais dès qu'il est en mouvement, les ondulations de sa robe évoquent soudain des volutes de fumée !

Persan smoke bleu

Il existe plusieurs variétés de persan smoke : bleu, chocolat, lilas, rouge, crème et écaille. Tous doivent posséder un sous-poil blanc, et sont des chats assez difficiles à obtenir, d'où leur prix souvent élevé. Tous sont des compagnons éveillés et hardis.

Tout en contraste

Les « smoke » possèdent 2 couleurs de poil, l'une bien cachée en dessous de l'autre.
Le poil de jarre (à la surface) est d'une couleur unie, à peine marquée à la base par une bande blanche visible en écartant le poil.
Le sous-poil, d'un blanc brillant, se dévoile au moindre mouvement.
Noir et blanc se mêlent alors, formant de superbes effets moirés.

Persan smoke noir

C'est la couleur de base du persan smoke. Le noir peut être plus ou moins intense, mais doit toujours bien contraster avec le sous-poil.
Une collerette argentée est appréciée autour du cou. La truffe et les coussinets sont noirs ou seal, les yeux cuivre ou orange foncé.

Les persans marbrés

Le motif tabby, typique des félins sauvages, se devait de figurer aussi sur le pelage des persans. Dès les années 1870, à Londres, des éleveurs présentèrent donc cette variété aux standards très stricts, à ne surtout pas confondre avec de vulgaires « gouttières » à poil long.

Pour faire ressortir les motifs, brosse-le dans le sens du poil.

Géographie d'une robe

Quelle que soit leur couleur de base, tous les persans marbrés sont des variétés difficiles à obtenir à cause des dessins précis réclamés par le standard. Pour simplifier, 3 bandes noires parallèles sur le dos, des dessins en forme de papillon sur les épaules et d'autres en forme de coquille d'huître sur les flancs. La queue et les pattes, quant à elles, sont recouvertes d'anneaux noirs larges et bien séparés.

Persan marbré argenté

C'est la couleur « classique » des persans marbrés. Pour gagner en concours, les marques de sa robe doivent être larges et bien nettes, d'un noir profond, sans le moindre poil blanc ou brun. Et on appréciera un M bien net dessiné sur le front. La truffe est rouge brique cerclée de noir, et les yeux vert vif (une couleur très rare) ou noisette.

Persan marbré roux

Une variété très appréciée aux États-Unis. C'est un chat pourtant difficile à obtenir, car sa robe est souvent marquée de taches blanches. Un vrai champion quant à lui devra posséder une robe d'un roux intense, avec des marques très nettes d'un rouge sombre et profond. Les yeux seront cuivre ou orange, la truffe rouge brique et les coussinets roses.

Persan marbré brun

La couleur de base du persan marbré brun est sable ou fauve, avec des marques noires bien nettes. Les yeux seront orange ou cuivre, sans la moindre trace de vert, mais avec une ligne noire au coin de chaque œil. La truffe doit être rouge brique, mais les coussinets peuvent être noirs ou bruns.

Persan à face de pékinois

Un chat qui ressemble à un chien ? Mais oui, c'est possible ! Dans les années 70, des éleveurs ont donc développé cette variété de persan (de couleur roux ou roux tabby) à la face aplatie, au nez ridé et retroussé, aux gros yeux ronds saillants. Seul problème : ses fosses nasales sont si petites que l'animal connaît souvent des problèmes respiratoires, tandis que ses mâchoires ne se joignent pas toujours très bien. Et il y en a pour trouver ça joli, pourtant.

Les persans écaille-de-tortue

Ce drôle de nom désigne une robe en mosaïque, à base de plusieurs couleurs mêlées comme sur l'écaille de la carapace de tortue. Mais pas n'importe comment, ont décidé les juges de concours.

Trois couleurs

Combien de couleurs sur un persan écaille-de-tortue ? Trois, même s'il y en a parfois deux qui sont des nuances de la même teinte. Par exemple : noir, blanc, roux. Ou bien : noir, roux clair, roux foncé. Ou encore : noir, bleu, crème.

Persan écaille et blanc

Cette variété fut reconnue aux États-Unis sous le nom de « calico » dans les années 50, et y reste très populaire. Ici, le fond du pelage est blanc, parsemé de taches rousses et noires. Un ventre blanc est très recherché, ainsi qu'une flamme blanche sur la face. Mais comme chez la plupart des autres races de chats, la conjonction de ces 3 couleurs-là fait que les mâles calico sont très rares, et généralement stériles.

Persan écaille-de-tortue

Noir, roux clair et roux foncé : ce sont les 3 couleurs traditionnelles, réalisant sur la robe un bel effet de profondeur. Les taches doivent être nettes et bien définies. Et les juges apprécieront une flamme rouge sur la face. La truffe et les coussinets sont noirs, roses ou rose tacheté de noir. Les yeux cuivre, ou orange foncé.

Les persans bicolores

Les premiers d'entre eux, dans les années 1880, étaient surnommés « persans pie », car ils portaient tous le même pelage noir et blanc. Les élégants de l'époque s'extasiaient devant un chat si raffiné, donnant l'impression d'être né en smoking.

Ni plus ni moins

Présents dès les premières expositions félines, les persans bicolores font eux aussi l'objet de savants règlements. Le poil blanc doit représenter entre le tiers et la moitié de la robe. L'autre couleur doit former des marques bien nettes, de préférence avec une flamme blanche sur la face. Corps massif, tête ronde aux joues bien développées, fourrure abondante : pour le reste, le bicolore n'est pas différent des autres persans. À peine note-t-on qu'en Amérique, il a parfois le nez un peu plus long qu'en Angleterre.

Persan noir et blanc

Chez tous les persans, les couleurs mettront plusieurs mois à se fixer sur la robe. Certains pourront même présenter des irrégularités de coloration, comme des marques rousses. Mais tout cela disparaîtra en général rapidement au bout de quelques mois. La truffe comme les coussinets seront de préférence roses.

Persan crème et blanc

Six variétés de persans bicolores sont aujourd'hui reconnues en concours : noir, bleu, chocolat, rouge, lilas et crème. Mais à part la couleur, rien d'autre ne change, et la couleur doit être harmonieusement répartie avec le blanc. Petit « plus » très apprécié par les juges : une collerette de longs poils blancs autour du cou.

Les persans colour point

En France, ce chat est considéré comme une variété de persan. Aux États-Unis, il forme une race à part nommée « himalayan ». Dans d'autres pays, on l'appelle « khmer » ou « cachemire ». Des noms bien exotiques, pour un pur produit des États-Unis !

Il possède du sang siamois.

Persan seal point

Typique du monde siamois, cette couleur est très recherchée. Le corps est crème avec des reflets dorés, les pointes (masque, oreilles, jambes, pieds et queue) d'un beau brun foncé. Les yeux sont d'un bleu soutenu, comme tous les persans colour point dignes de figurer en concours.

Savant mélange

Fixer sur un persan à poil long les extrémités colorées du siamois ? Un vrai défi pour les généticiens. Le premier chaton naquit en Suède dans les années 20, mais ce n'est que 30 ans plus tard en Amérique que fut donné le départ « officiel » de la race. S'il a la couleur du siamois, dont il est partiellement issu, le colour point doit pourtant garder la morphologie du persan : grosse tête ronde, petites oreilles, queue courte. À ne surtout pas confondre avec le birman et ses pattes aux gants blancs ! D'ailleurs, les croisements entre les 2 races sont strictement interdits.

Persan blue point

Ici, sur le blanc glacé du pelage, les pointes ressortent en un beau bleu foncé. Un bleu qu'on retrouvera aussi sur la truffe, les coussinets et même le pourtour des yeux. Comme tous les colour point, il possède aussi un museau légèrement plus long que celui des autres persans.

Persan chocolate point

Sur un corps de couleur ivoire, les pointes sont ici d'un beau brun chocolat le plus foncé possible. Comme tous les chats « point », les marques mettront longtemps à se développer. Et comme chez tous les persans colour point, naîtra parfois dans la portée un chaton uni, entièrement chocolat.

Persan cream point

Fixée dès 1935, c'est l'une des plus anciennes variétés de persan colour point. Le corps est blanc crème, les pointes d'un crème plus sombre. Le pelage, épais et soyeux, mesure de 12 à 13 cm, et doit être souvent brossé et nettoyé pour rester impeccable.

Persan lilac point

Sur les pointes, les teintes chaudes du lilas contrastent ici avec le blanc glacé de la robe. En plus de ces couleurs de base, il existe aussi aujourd'hui des persans colour point « écaille », qui portent en plus des 2 couleurs habituelles (robe et pointes), des taches crème bien réparties sur tout le corps.

LES COUSINS SAUVAGES

La famille des Félidés compte aujourd'hui 35 espèces réparties en 4 genres. En général, on parle de « grands » et de « petits » félidés. Ces derniers, à peine plus gros que ton chat, sont de loin les plus nombreux ! Voici, en quelques pages, un voyage autour du monde à la poursuite d'animaux discrets, méfiants, et souvent nocturnes.

Difficile parfois de le distinguer d'un chat haret.

Chats sauvages d'Europe

Notre continent n'est pas riche en félidés sauvages. On peut espérer y observer en tout et pour tout 2 espèces : le chat sauvage, dont tu as déjà vu un portrait au début de ce livre, et le lynx, un « poids moyen » aujourd'hui menacé.

Au fond des bois

Le chat sauvage se rencontre dans les forêts froides d'une grande partie de l'Europe : en Écosse, en Belgique, en Allemagne, en Roumanie, dans le centre et surtout l'est de la France (jusqu'à 500 m d'altitude). Mais la vision est souvent fugace. Quelques secondes à peine, le temps pour l'animal de détaler en quelques foulées souples. Car ce farouche solitaire (sauf à la saison des amours) a plutôt peur de l'homme, et ne sortira d'ailleurs en plein jour que s'il est tenaillé par la faim.

Gare à la mère

Dangereux, le chat sauvage ? Nullement, pas plus qu'il ne menace l'équilibre de la faune. Le seul risque se situe au tout début de l'été, quand les chatons viennent de naître. Si un promeneur découvrait le nid et cherchait à caresser les « mignons bébés », il verrait aussitôt foncer sur lui une furie déchaînée aux griffes acérées. Heureusement, cela n'arrive que très rarement.

Le chat sauvage (*Felis silvestris*)

Distribution : de l'Europe occidentale jusqu'à l'Inde et dans certaines régions d'Afrique.
Longueur : 50 à 80 cm.
Poids : 3 à 6 kg.
Portée : 3 à 6.
Proies : petits mammifères, petits oiseaux.

Le lynx est une espèce très menacée.

Le lynx (*Felis lynx*)

Distribution : dans les régions froides d'Asie, d'Europe et d'Amérique du Nord.
Longueur : 60 cm à 1,10 m.
Poids : 15 à 30 kg.
Portée : 1 à 5.
Proies : rongeurs, ongulés.

PETITS FAUVES

Quand ton chat se repose, il replie ses pattes antérieures sous le corps et enroule sa queue autour de lui. Pas de doute, c'est un *Felis* ! Les 28 autres espèces font de même, tandis que les géants *Panthera* disposent les pattes sur les côtés et gardent la queue en arrière bien droite. De même, les petits félidés se nourrissent plutôt accroupis, tandis que les plus grands s'allongent. Les ressemblances entre les 2 familles sont bien plus nombreuses que les différences. En voyant bouger un petit félidé, on retrouvera toujours le souple mouvement du grand fauve.

Le « loup-cervier »

Ce fut longtemps le nom qu'on lui donna en Europe, plutôt inquiétant et pas du tout exact. Car le lynx, qui ne fait pas partie des grands fauves du genre *Panthera*, possède plutôt la silhouette d'un très gros chat compact et lourd. Mais il se reconnaît surtout à ses oreilles pointues terminées par des pinceaux de poils fins, et des « favoris » autour du menton.

Nouveau départ

Aussi discret et farouche que le chat sauvage, le lynx ne s'attaquera jamais à un homme. L'inverse n'est pas vrai, à tel point qu'en France, on déclara l'espèce disparue à la fin du XIXe siècle. Depuis, des essais de réintroduction ont été menés avec succès dans les Alpes, et l'on aurait aperçu quelques lynx dans les Pyrénées. Puissent les chasseurs leur laisser cette fois la vie sauve.

AUTOUR DU MONDE

Le lynx s'est divisé en plusieurs sous-espèces très proches qui vivent un peu partout dans le monde (toujours dans des régions montagneuses ou froides). En Espagne, il resterait une centaine de lynx pardelles, plus petits et avec un pelage plus tacheté ; en Amérique, vit le lynx roux ; en Sibérie, le lynx du Nord, capable de survivre dans les forêts glaciales.

Chats sauvages d'Afrique

Au royaume du lion et du guépard, les « chats » ont aussi leur place ! Du nord au sud, plusieurs espèces de petits ou moyens félidés peuplent encore l'Afrique. Obligés de fuir l'homme, tous sont aujourd'hui acculés à des zones désertiques, et leur nombre ne cesse de décroître.

Le chat du désert (*Felis margarita*)

Distribution : Afrique du Nord et sud-ouest de l'Asie.
Longueur : 40 à 57 cm.
Poids : 2 à 2,5 kg.
Portée : 2 à 3.
Proies : rongeurs, lézards, insectes.
Appelé aussi « chat des sables », ce petit animal à la fourrure gris-brun est bien adapté aux régions désertiques. Chasseur nocturne, il passe tout le jour caché dans son terrier.

Le chat à pattes noires (*Felis nigripes*)

Distribution : Afrique du Sud, Botswana, Namibie.
Longueur : 35 à 40 cm.
Poids : 1 à 2 kg.
Portée : 2 à 3.
Proies : rongeurs, lézards, insectes.
C'est le plus petit félidé du monde ! Ce minuscule chat jaune tacheté de sombre (avec le dessous des pattes noires) pèse parfois moins de 1 kg. Après avoir occupé toute l'Afrique du Sud, il est aujourd'hui réfugié surtout dans le désert du Kalahari et mène une existence discrète, chassant des proies peu impressionnantes, comme une simple sauterelle.

Le chat doré (*Felis aurata*)

Distribution : Afrique de l'Ouest et du Centre.
Longueur : 70 à 90 cm.
Poids : 13 à 18 kg.
Proies : petits mammifères, oiseaux.
Découvert par le naturaliste Temminck au XVIIIe siècle, ce gros chat était autrefois surnommé « chat-pard ». Il possède un pelage court et serré, d'une splendide teinte brun doré et souvent marqué de mouchetures sombres.

Le caracal (*Felis caracal*)

Distribution : Afrique et Asie.
Longueur : 55 à 75 cm.
Poids : 13 à 16 kg.
Portée : 1 à 4.
Proies : rongeurs, petits mammifères.
Proche du serval par le gabarit et la silhouette, le caracal possède aussi une petite tête aux oreilles interminables, surmontées d'une touffe de poils. Bien adapté aux déserts d'Afrique, on le rencontre aussi dans le Sinaï et jusqu'au centre de l'Inde. Bon coureur, c'est aussi un redoutable chasseur.

Le serval (*Felis serval*)

Distribution : Afrique, au sud du Sahara.
Longueur : 70 cm à 1 m.
Poids : 14 à 20 kg.
Portée : 1 à 3.
Proies : oiseaux, petits ongulés, rongeurs.
Ce drôle de gros chat possède une silhouette élancée, terminée par une petite tête aux grandes oreilles arrondies. Sa robe, brun clair, est nettement marquée de taches sombres sur le dos et les flancs. On le rencontre surtout à proximité des lacs ou des fleuves.

Son ouïe est très développée.

Le chaus (*Felis chaus*)

Distribution : de l'Égypte à l'Indochine et au Sri Lanka.
Longueur : 60 à 75 cm.
Poids : 7 à 13 kg.
Portée : 2 à 5.
Proies : rongeurs, grenouilles, oiseaux.
Connu aussi sous le nom de « chat des marais », il fréquente les lieux humides, et s'attaque à tout ce qui bouge. Sur son poil court gris-brun, sa poitrine porte une flamme de poils orangés, tandis que pattes et queue sont nettement rayées de noir.

Chats sauvages d'Asie

Des flancs de l'Himalaya aux forêts luxuriantes de Bornéo, l'Asie est presque un monde à elle seule. Ici, vivent encore un grand nombre de « chats » sauvages, dont certaines espèces demeurent encore mal connues.

Le chat du Bengale (*Felis bengalensis*)

Distribution : Sumatra, Bornéo, Java, Philippines, Inde, Chine, Sibérie.
Longueur : 35 à 60 cm.
Poids : 3 à 7 kg.
Portée : 2 à 4.
Proies : rongeurs, petits mammifères, oiseaux.
On dirait une panthère miniature, avec (presque) le même pelage tacheté, la même tête fine. Le chat du Bengale est aussi un animal très courageux, qui n'hésite pas à s'attaquer à des proies plus grosses que lui.

Le chat pêcheur (*Felis viverrina*)

Distribution : Sumatra, Java, Inde, Chine méridionale.
Longueur : 60 à 85 cm.
Poids : 5,5 à 8 kg.
Proies : petits mammifères, oiseaux, poissons, crustacés.
Ce chat aux pattes courtes, à la tête plate et aux oreilles minuscules, ne vit qu'à proximité de l'eau. On le suppose capable de pêcher facilement des poissons, grâce à ses pattes légèrement palmées.

Le chat marbré (*Felis marmorata*)

Distribution : de la Malaisie au Népal.
Longueur : 40 à 50 cm.
Poids : 3 à 5 kg.
Proies : rongeurs, lézards.
Extrêmement méfiant, ce petit chat haut sur pattes ne sort que la nuit, et ses mœurs demeurent mal connues. On l'a beaucoup observé dans les arbres, où il attaque souvent les oiseaux au nid.

Il est tout petit mais très robuste.

Le chat tacheté de rouille (*Felis rubiginosa*)

Distribution : sud de l'Inde et Sri Lanka.
Longueur : 35 à 48 cm.
Poids : 1 à 2 kg.
Proies : petits mammifères, oiseaux, insectes.
« Chat rouilleux » est l'autre nom de ce petit chat au corps allongé et à la fourrure roussâtre. Méfiant, il s'approche pourtant parfois des maisons, et s'il est capturé jeune, pourra s'apprivoiser presque comme un chat domestique.

Le chat de Temminck (*Felis temmincki*)

Distribution : Népal et Chine du Sud, Sumatra.
Longueur : 75 cm à 1,05 m.
Poids : 6 à 11 kg.
Proies : rongeurs, oiseaux, petit gibier.
Trapu et musclé, 2 fois plus lourd qu'un chat sauvage, ce félidé discret possède un pelage doré comme du pain d'épice. Avec sur sa tête ronde, 2 nettes bandes blanches, parfois teintées de bleu-gris.

On croirait des peintures de guerre !

Son autre nom est « chat de Pallas ».

Le manul (*Felis manul*)

Distribution : de l'Himalaya à la Sibérie.
Longueur : 50 à 65 cm.
Poids : 3 à 5 kg.
Portée : 1 à 5.
Proies : surtout des rongeurs.
Ce petit félidé aux drôles d'oreilles, au corps court et trapu, se rencontre un peu partout en Asie, où il chasse surtout la nuit. Mais, malgré sa ressemblance avec le chat domestique, impossible de l'apprivoiser !

Chats sauvages d'Amérique

Le Nouveau Monde est décidément le plus riche. Du Canada à la Terre de Feu, de toutes tailles et de toutes apparences, les félidés américains forment une somptueuse gamme féline aux pelages souvent splendides. Ce qui leur a d'ailleurs parfois coûté très cher.

Le margay (*Felis wiedii*)

Distribution : Paraguay, et surtout Argentine.
Longueur : 45 à 70 cm.
Poids : 4 à 9 kg.
Portée : 1 à 2.
Proies : écureuils, opossums, singes, oiseaux.
Tacheté comme un petit ocelot, ce petit chat vit beaucoup dans les arbres, où il capture tout ce qui passe à sa portée. On dit que s'il est capturé assez jeune, le margay peut devenir un bon compagnon pour l'homme.

Le colocolo (*Felis colocolo*)

Distribution : Amérique du Sud, de l'Équateur à la Patagonie.
Longueur : 50 à 70 cm.
Poids : 3,5 à 6 kg.
Proies : rongeurs, oiseaux, lézards, gros insectes.
C'est lui, le fameux « chat des Pampas », qu'on rencontrait autrefois un peu partout en Amérique du Sud. Mais devant l'invasion des plaines par les hommes, ce chat robuste s'est réfugié dans les régions montagneuses, où il semble survivre plus difficilement.

Le chat des Andes (*Felis jacobita*)

Distribution : du sud du Pérou au nord du Chili.
Longueur : 70 à 75 cm.
Poids : 3,5 à 7 kg.
Proies : petits mammifères, oiseaux.
L'homme l'ayant chassé des plaines, ce chat vit aujourd'hui dans les montagnes arides des Andes, et a développé un corps robuste et musclé, recouvert d'une épaisse fourrure.

Le chat tigré (*Felis tigrina*)

Distribution : Amérique centrale et du Sud.
Longueur : 40 à 55 cm.
Poids : 2 à 3,5 kg.
Portée : 1 à 2.
Proies : petits mammifères, oiseaux, lézards.
Il ressemble beaucoup au margay, recouvert comme lui de taches régulières qui le font ressembler à un petit ocelot. Principale différence : le chat tigré vit plus au nord, dans les forêts de l'Amérique centrale et du nord de l'Amérique du Sud.

Le chat de Geoffroy (*Felis geoffroyi*)

Distribution : de la Bolivie à la Patagonie.
Longueur : 45 à 70 cm.
Poids : 2 à 3,5 kg.
Proies : petits mammifères, oiseaux.
Portée : 2 à 3.
Décrit au XIXe siècle par le naturaliste Geoffroy Saint-Hilaire, ce petit chat passe la majeure partie de sa vie dans les arbres, où il grimpe avec une rare dextérité. Capturé jeune, il supportera la présence de l'homme, mais sans jamais se laisser apprivoiser.

L'ocelot (*Felis pardalis*)

Distribution : de l'Arizona au nord de l'Argentine.
Longueur : 65 à 95 cm.
Poids : 11 à 16 kg.
Portée : 2 à 4.
Proies : petits mammifères, oiseaux, reptiles.
Si son nom est très connu, hélas, c'est à cause de sa fourrure, pour laquelle ce splendide félidé a failli être exterminé. Aujourd'hui, l'espèce est protégée, mais certains la braconnent encore.

Ce drôle de chat vit souvent en couple, un cas très rare chez les félidés.

Le jaguarondi (*Felis yagouaroundi*)

Distribution : sud des États-Unis au nord de l'Argentine.
Longueur : 55 à 65 cm.
Poids : 6 à 13 kg.
Portée : 2 à 4.
Proies : petits mammifères, poissons, rongeurs, grenouilles.
Quelle drôle de silhouette ! Avec son corps étiré en longueur, son pelage uniforme et sombre, ses pattes très courtes, ses petites oreilles et sa tête fine, ce félidé-là ne ressemble à aucun autre. On dirait presque une grosse belette.

DRÔLES DE MÉLANGES

Au fait, tous les félidés peuvent-ils se croiser entre eux ? La question peut sembler absurde. Les différentes races ne se mélangent jamais sexuellement, même si elles partagent un même territoire. À chacun sa famille, à chacun ses gènes. Pourtant, en théorie, de nombreux mélanges seraient possibles. Surtout si l'homme décidait de s'en mêler. Ainsi, dès l'Antiquité, les Romains avaient eu l'idée de croiser le lion d'Afrique avec le tigre d'Asie. Les animaux ainsi obtenus s'appellent « tigron » quand il s'agit du croisement d'un tigre avec une lionne, « ligron » pour un lion avec une tigresse. Inconvénient majeur : ces créatures restent biologiquement des « monstres » stériles, incapables de faire souche. Aujourd'hui, des expériences de ce genre continuent d'être menées, mais est-ce vraiment utile ?

Le puma

Distribution : du Canada à la Patagonie.
Longueur : 1,05 m à 1,95 m.
Poids : 35 à 100 kg.
Portée : 3 à 4.
Proies : très variables.
Appelé aussi « cougouar », c'est le plus grand des félidés du genre *Felis*. Il est aussi gros qu'une panthère, mais sa silhouette évoque plutôt celle d'un gros chat. Capable de s'adapter à tous les climats, cet excellent chasseur est aussi un animal discret et craintif, qui ne s'attaquera jamais à un homme.

Il ronronne comme un gros chat.

CATALOGUE DES CHATS

Tu as repéré un chat qui te plaît beaucoup, et tu aimerais connaître son nom ? Alors, voici un grand « félinoscope » qui regroupe toutes les races. Bien sûr, toutes les variétés de couleurs n'y sont pas, mais cela forme quand même une jolie mosaïque.

Les chats à poil court

Le tonkinois

Le mau égyptien

Le bleu russe

Le manx

Le burmese

Le sphinx

Le havane

Le siamois colour point

Le rex

L'oriental

Le chartreux

Le korat

Le singapour

Le bobtail japonais

L'abyssin

L'européen

L'ocicat

Les chats à poil mi-long

Le somali

Le birman

Le balinais

Le scottish fold

L'american curl

Le javanais

Le ragdoll

Les chats à poil long

L'angora

Le skogkatt

Le persan uni

Le persan colour point

Le persan bicolore

Le persan marbré

Le maine coon

Le turc Van

Le chinchilla

Le persan smoke

Le persan écaille-de-tortue

Le sibérien

Adresses utiles

Pedegree

Jusqu'en 1999, chaque association féline gérait son propre livre d'origines. Désormais, c'est le LOOF (livre officiel des origines), qui tient le registre de la généalogie des chats et délivre les pedigrees pour toutes les races officiellement reconnues.

• LOOF
5, rue Régnault – 93697 Pantin Cedex – Tél. : 01 41 71 03 35
Internet : www.loof.asso.fr

Tatouage et puce

Tu as trouvé un chat errant tatoué ? Fais une bonne action, en appelant le Fichier national félin, qui recense tous les propriétaires de chats et te permettra peut-être aussi de retrouver le tien.

• Fichier national félin SIEV (Société d'identification électronique vétérinaire)
112-114, avenue Gabriel-Péri – 94246 L'Haye-les-Roses – Tél. : 01 55 01 08 40

Intoxication

Ton chat a avalé un poison, un produit toxique ? Pas une seconde à perdre. Il existe plusieurs centres en France, mais retiens ce seul numéro, qui fonctionne 24 heures sur 24 et 365 jours par an.

• CNITV (Centre national d'informations toxicologiques vétérinaires)
BP 83 – 69280 Marcy-L'Étoile – Tél. : 04 78 87 10 40

Organismes divers

• Société protectrice des animaux (SPA)
39, boulevard Berthier – 75017 Paris – Tél. : 01 43 80 40 66 (siège)
01 47 98 57 40 (refuge)
Internet : www.spa.asso.fr
Elle regroupe des centaines de refuges en France, qui ont toujours besoin d'aide, et de candidats à l'adoption.

• Association de défense des animaux de compagnie (ADAC)
3, rue de l'Arrivée – BP 107 – 75749 Paris Cedex 15 – Tél. : 01 45 38 70 06
Fondée en 1976 par Jean-Pierre Hutin, elle agit dans de nombreux domaines pour protéger nos petits compagnons.

• Centre d'information et de documentation jeunesse (CIDJ)
101, quai Branly – 75740 Paris Cedex 15 – Tél. : 01 45 67 35 85
Publie des fiches très complètes sur les métiers auprès des animaux.

• Service d'incinération des animaux familiers (SIAF)
3, rue du Fort – 94130 Nogent-sur-Marne – Tél. : 01 48 76 68 18
Pour organiser rapidement et en douceur l'adieu à son animal.

Presse

• Atout chat (mensuel)
Depuis 20 ans, le magazine des amoureux des chats, avec des reportages et des infos pratiques.

• **Côté chat (mensuel)**
Une jeune revue qui privilégie essentiellement la relation entre l'animal et son maître.

• **Chat magazine (bimestriel)**
Le magazine des félins. L'actualité féline traitée sous l'aspect pratique, mais aussi artistique.

Sites Internet (chats des rues)

• **www.chats-errants.com**
Un site en hommage aux « Écoles du chat », créées en 1978 par Michel Cambazard pour encourager le sauvetage, la protection et l'adoption des chats errants. Nombre d'entre elles, comme celle de Clichy, organisent au moins une fois par mois des journées d'adoption pour trouver un compagnon.

• **www.bercychatslibres.com**
Le site de l'École du chat de Bercy (à Paris), très active.

• **www.ecole-du-chat-bordeaux.com**
Le site de l'École du chat de Bordeaux

Sites Internet (clubs de races)

• **www.webfelin.com**
Recense les éleveurs, les clubs félins, propose des petites annonces...

• **Abyssin et somali :**
www.abyssin-somali.com

• **Birman :**
http://anabi.free.fr

• **Bleu russe :**
www.amoureux-felin-russe.com

• **British et scottish :**
http://www.lecabri.net

• **Charteux :**
www.le-chartreux.com
www.chat-des-chartreux.org

• **Chats des forêts norvégiennes :**
www.ccfn.net

• **Korat :**
www.korat.fr
www.amourkorat.com

• **Maine coon :**
www.mainecoon-france.com
www.maine-coon.fr

• **Mau égyptien :**
http://aime.ws

• **Persan :**
www.chats-persans.com

• **Persan particolore :**
http://persanparticolore.free.fr

• **Ragdoll :**
www.ragdollfrance.com

• **Sacré de Birmanie :**
www.cerclechatsacre.org

• **Siamois, oriental, balinais, mandarin :**
www.afas-siamois.com

• **Sibérien :**
http://chat-de-siberie.org

• **Skogkatt :**
http://skogkatt-norvegien.org

• **Sphynx :**
www.scf-fr.net

Glossaire

Agouti : désigne un pelage dont chaque poil porte plusieurs bandes colorées.

Albinos : animal dont la peau et les poils manquent de pigmentation (chat blanc aux yeux rouges).

Appel : cris rauques et répétés par lesquels la femelle en rut appelle les mâles. Le concert peut durer des heures !

Bajoues : plis dans les joues, qui se développent surtout chez les mâles non castrés.

Barres : désigne certaines rayures des tabbies, qui constituent un défaut chez les chats de couleur unie.

Bicolore : chat dont le pelage porte 2 couleurs, dont obligatoirement le blanc.

Bleu : pelage de couleur gris-bleu.

Bobtail : mot anglais, signifie « queue courte ».

Calico : désigne aux États-Unis le chat écaille-de-tortue et blanc.

Cameo : en français, « camée ». Type de pelage du persan smoke ou chinchilla avec un tipping crème ou rouge.

Carnivore : animal qui se nourrit exclusivement de chair.

Cassure : voir stop.

Chaleurs : période où la femelle est prête à s'accoupler.

Champion : titre accordé à un chat après plusieurs victoires en concours.

Chartreuse : désigne la couleur verte des prunelles de certains chats.

Chatterie : endroit où les chats sont élevés (ou gardés), et dont le nom figure souvent dans le pedigree.

Chinchilla : variété de persan au poil blanc avec un « tipping » coloré.

Chromosome : partie du noyau de la cellule portant le matériel génétique codé dans les gènes.

Collerette : masse de poils longs ornant la base de la face et du cou.

Colour point : désigne les chats porteurs de « points » (zones sombres aux extrémités, réparties de manière précise).

Consanguinité : union entre 2 chats ayant un lien de parenté proche.

Coussinets : dessous des pieds à la chair épaisse et souple, donnant une démarche silencieuse.

Dominant : se dit d'un gène qui, même s'il est hérité d'un seul parent, apparaîtra ensuite toujours chez les individus de la descendance.

Duvet : poil secondaire, plus court et très doux.

Écaille-de-tortue : type de pelage marqué de taches noires, rouge clair et rouge sombre. Signale presque toujours une femelle.

Échelle de points : système de notation utilisé par les juges en concours.

Enregistrement : inscription d'un chaton dans une association féline (indispensable pour participer aux concours).

Étalon : chat mâle utilisé pour la reproduction. Ses saillies peuvent se négocier jusqu'à plusieurs milliers d'euros !

Éthologue : scientifique étudiant les comportements des espèces animales dans leur milieu naturel.

FIFé : Fédération internationale féline, principale fédération d'Europe continentale et d'autres continents. La seule à entretenir des liens étroits avec la GCFF britannique.

Félidé : famille de mammifères carnivores digitigrades qui vivent de la chair de vertébrés à sang chaud.

Félin : membre de la famille des chats.

Flamme : marque de couleur entre les yeux, du front jusqu'au nez.

GCFF : Governing Council of the Cat Fancy. La plus puissante des organisations félines en Grande-Bretagne.

Gants : zones de fourrure blanche derrière les pieds (chez le birman surtout).

Gènes : informations localisées sur les chromosomes, responsables de la production des caractères héréditaires.

Gouttière : appellation familière du chat domestique sans pedigree. En concours, il devient l'« européen », le « british shorthair », l'« american shorthair », etc.

Haret : se dit d'un chat domestique retourné à l'état sauvage (à ne pas confondre avec le vrai chat sauvage !).

Hybride : chat issu du croisement de 2 races différentes.

Jabot : touffe de poil long qui orne le poitrail.

Jarre (poil de) : poil de surface, opposé pour certaines races au sous-poil.

Lignée : groupe de chats ayant un lien de parenté sur plusieurs générations.

Lilas : couleur d'un gris-rose pâle. En anglais : « lilac ».

Livre d'origines : livre généalogique dans lequel sont inscrits tous les chats de race pure, avec la mention précise de leur ascendance. Chaque association féline possède son livre des origines.

Manteau : surface du dos proche de la tête.

Marbré : voir tabby.

Masque : couleur plus sombre sur le visage des chats de type siamois.

Mue : perte régulière de poils en fonction des saisons.

Museau : regroupe le nez et les mâchoires.

Neutre : chat adulte ayant été castré (mâle) ou stérilisé (femelle).

Ovariectomie : chez la femelle, ablation des ovaires pour empêcher la reproduction (et les chaleurs).

Panache : poils épais sur la queue, chez certains chats à poil long.

Pedigree : généalogie d'un animal. Le document lui-même certifiant cette généalogie.

Poils de garde : poils qui forment la robe de surface.

Poils secondaires : poils rêches et épais.

Point : mot anglais qui désigne les zones de couleur sombre (en général la tête, les oreilles, les pattes et la queue) contrastant avec la couleur plus claire de la robe. Ce pelage est typique du siamois. On parle de chats « blue point », « chocolate point », « red point », etc.

Portée : ensemble de chatons nés ensemble d'une même mère.

Race : dans le monde félin, c'est une notion un peu floue. Pour simplifier, un chat est dit de race lorsque ses ascendants (sur plusieurs générations) appartiennent à la même variété.

Récessif : se dit d'un gène hérité de génération en génération, mais pas toujours apparent sur les individus.

Robe double : poil épais et long, sur un sous-poil court et doux.

Rumpy : mot anglais. Chat sans la moindre trace de queue, comme certains manx.

Seal : mot anglais qui désigne une couleur brun très foncé, presque noir.

Sous-poil : chez certains chats, poil doux en dessous du poil de garde, fournissant du volume et une bonne protection contre le froid.

Standard : établi par les associations félines, il définit pour chaque race (et variété) précise les caractères requis. Le standard fournit aussi le portrait du chat idéal, auquel se réfèrent les juges de concours.

Stop : désigne une faible dépression dans le profil, située entre le front et l'arête du nez.

Strabisme : vice de conformation de l'œil, qui louche.

Stumpy : mot anglais. Chat possédant un petit moignon de queue.

Tabby : marques de la robe de type « sauvage ». Elles peuvent être rayées, tachetés ou mouchetées. Le mot vient d'Irak, où des tisserands avaient reproduit les dessins de la robe du chat sur des tissus précieux appelés « tabbies ».

Tipping : coloration plus ou moins accentuée de l'extrémité des jarres (poil de surface).

Tiquetage : bandes de couleur visibles sur les poils.

Truffe : zone de peau colorée sur le bout du nez (sans poils).

Type : permet de décrire la taille et la forme générale du chat.

Vairons : se dit des yeux qui ne sont pas de la même couleur (par exemple, bleu et orange). On les appelle aussi « yeux impairs ».

Index

A

B

C

Index (suite)

K

L

M

N

O

P

Crédit photo

COGIS

1re de couverture : (hg) Lanceau, (hm) Labat, (hd) Labat/Lanceau, (m) Labat, (bg) Labat, (bm) Lanceau, (bd) Gehlhar ;
4e de couverture : Labat ;
p. 5 : Labat/Lanceau ; p. 6 : Labat ;
p. 8 : Lanceau ; p. 9 : Lanceau ;
p. 10 : Bernie ; p. 11 : DR ;
p. 13 : (hd) DR, (m) DR, (bd) Seitre ;
p. 14 : (bd) VLD, (hd) Fleury ; p. 15 : (h) Bernie, (m) et (b) Lanceau ;
p. 16-17 : Lanceau ;
p. 17 : (h), (m) et (b) Labat ;
p. 18 : Dragesco ; p. 19 : (bd) Remy, (mg) Vidau ; p. 20-21 : Labat ;
p. 21 : (mg) Labat, (md) Labat ;
p. 22-23 : Labat ; p. 22 : Lanceau ;
p. 24 : Lanceau ; p. 25 : (h) Labat, (bg) Lanceau, (bd) Varin ;
p. 26 : Lanceau ; p. 27 : (h) Varin, (mg) DR, (md) Varin, (b) Lanceau ;
p. 29 : Vidal ; p. 32 : (hd), (hg) et (b) Hermeline ; p. 33 : (h) Excalibur, (m) Alexis, (b) Excalibur ; p. 34 : (hd) Labat, (bg) Gissey ; p. 35 : (hg) Gissey, (bd) Lanceau ;
p. 36 : (b) Hermeline ;
p. 37 : (hg) Lanceau ; p. 38 : (bg) Gissey, (m) Labat, (bd) Lanceau ;
p. 40 : (hd) et (b) Alexis ; p. 41 : (hg) Lanceau, (m) Alexis ; p. 42 : (hg) et (md) Alexis, (bg) Lanceau ; p. 43 : (hg) Hermeline, (m) Hermeline, (bg) Labat ; p. 45 : (h) Varin, (b) Labat ;
p. 46 : (m) Hermeline, (bg) Hermeline, (bd) Lepage ; p. 48 : (h) Dussausaye, (b) Hermeline ; DR, (b) Vidal ; p. 50 : (md) Labat, (bg) Lanceau ; p. 51 : (hd), (m) et (bg) Lanceau ; p. 52 : (h) Labat, (b) Nicaise ; p. 53 : (h) Labat, (b) Gehlhar ; p. 54 : (h) Visintini, (b) Français ; p. 55 : (h) Bernie, (m) Français, (b) Varin ; p. 56 : (h) Remy ;
p. 57 : (h) Lanceau, (b) Varin ;
p. 58 : (md) Lanceau, (b) Hermeline ;
p. 59 : (hg) Lanceau, (md) Hermeline, (mg) Vidal, (bg) Labat ; p. 61 : Labat ;
p. 62 : (mg) Labat, (md) Varin, (mb) Labat/Lanceau ; p. 63 : (h) Bernie, (b) Labat ; p. 64 : Vidal ;
p. 65 : (m) Lanceau, (b) Alexis ;
p. 66 : (mg) Vidal, (md) DR, (bg) Vidal, (bd) Vidal ; p. 67 : Hermeline ;
p. 68 : (h) Labat, (b) Lanceau ;
p. 69 : (h) Varin, (b) Varin ;
p. 70 : Garguil ; p. 71 : (h) Labat, (m) Hermeline, (b) Lanceau ; p. 72 : (h) Lanceau, (b) Dillschneider ;
p. 73 : (h) Labat, (bg) Gengoux, (bd) Lanceau ; p. 74 : (h) Lanceau, (b) Lili ; p. 75 : (h) Alexis, (b) Excalibur ;
p. 76 : Labat ; p. 77 : Hermeline ;
p. 78 : (h) Lanceau, (b) Remy ;
p. 79 : (h) Vidal, (b) Gissey ; p. 80 : (hg) Lanceau ; p. 82 : (m) Lili ;
p. 83 : (g), (d) et (b) Hermeline ;
p. 84 : Lanceau ; p. 85 : Labat ;
p. 86 : Lanceau ; p. 87 : (h) et (b) Labat/Lanceau ; p. 90 : (hd) Nicaise, (m) Vidal, (bg) Vidal ;
p. 91 : Alexis ; p. 92 : Vidal ;
p. 94 : (h) Excalibur ; p. 95 : (h) Lanceau, (b) Varin ; p. 96-97 : Vidal ; p. 96 : (b) Vidal ; p. 97 : (b) Gengoux ; p. 98 : Labat ; p. 99 : (h) Excalibur, (m) Lanceau ; p. 100 : (h) Lanceau, (b) Labat/Lanceau ; p. 101 : (hd) Excalibur, (mg) Bernie, (md) Lanceau (bg) Labat, (bd) Labat ;
p. 102-103 : Nicaise ; p. 102 : (b) Varin ;
p. 103 : (h) DR, (b) Lanceau ;
p. 104 : Gengoux ; p. 105 : (hd) Lanceau, (hg) Hermeline, (b) Hermeline ;
p. 106 : (h) Nicaise, (m) Lepage, (b) Vidal ; p. 107 : (h) Lanceau, (m) Rocher, (b) Vidal ;
p. 109 : Bernie ; p. 110 : (h) et (b) Vidal ;
p. 111 : (m) Vidal, (bg) Gissey ;
p. 112 : (h) Varin ; p. 113 : (h) Vidal, (b) Varin ; p. 114 : Alexis ; p. 115 : (h) Remy, (b) Lefebvre ; p. 116 : (h) Lili, (b) Hermeline ;
p. 117 : (h) Varin, (b) DR ;
p. 118 : Gissey ; p. 119 : Lanceau ;
p. 120 : Hermeline ; p. 121 : (h) Hermeline, (b) Lanceau ;
p. 122 : (h) Lanceau, (b) Excalibur ;
p. 123 : (h) Excalibur, (m) Lanceau ;
p. 124-125 : Alexis ; p. 124 : (h) Lanceau « Le cabinet du chat », (m) Gissey ;
p. 125 : (h) Cambazard, (m) Lanceau ;
p. 126-127 : DR ; p. 126 : (m) Vidal ;
p. 127 : (m) DR, (b) Excalibur ;
p. 129 : (m) Lanceau, (b) Français ;
p. 130 : (hg) Lanceau, (hm) et (hd) Labat, (mg) Labat/Lanceau, (mm), (md) et (bg) Lanceau, (bd) Labat ;
p. 131 : Lanceau ;
p. 132 : Labat/Lanceau ;
p. 133 : (h) Gissey, (b) Lanceau ;
p. 134-135 : Excalibur ;
p. 134 : Lanceau ; p. 135 : (h) Lanceau « Le cabinet du chat », (b) Lanceau ;
p. 136 : (h) Labat, (b) Hermeline ;
p. 137 : (bg) Hermeline, (md) Labat/Lanceau ; p. 138 : Lanceau ;
p. 139 : Hermeline ; p. 140 : Labat ;
p. 141 : (h) Hermeline, (m) Excalibur, (b) Labat ; p. 142 : Labat ;
p. 143 : (h), (bg) et (bd) Excalibur ;

p. 144 : (h) Labat/Lanceau, (b) Excalibur ; p. 145 : Excalibur ; p. 146 : (h) et (b) Excalibur ; p. 147 : (h) Excalibur, (m) Lanceau ; p. 148-149 : Lanceau ; p. 148 : Lanceau ; p. 149 : Excalibur ; p. 150 : Excalibur ; p. 151 : Lanceau ; p. 152 : Lanceau ; p. 153 : Hermeline ; p. 154 : Gissey ; p. 155 : Lanceau ; p. 156 : Excalibur ; p. 157 : (h) Excalibur, (bg) Labat, (bm) Labat, (bd) Excalibur ; p. 158 : Lanceau ; p. 159 : Excalibur ; p. 160-161 : Lanceau ; p. 160 : Excalibur ; p. 161 : Lanceau ; p. 162-163 : Zizola ; p. 162 : Labat ; p. 163 : Excalibur ; p. 164-165 : Lanceau ; p. 164 : Excalibur ; p. 165 : Labat/Lanceau ; p. 166-167 : Hermeline ; p. 166 : Français ; p. 167 : Lanceau ; p. 168-169 : Français ; p. 168 : Excalibur ; p. 169 : Lanceau ; p. 170 : Lanceau ; p. 171 : (h) Lanceau, (b) Labat ; p. 172 : Lanceau ; p. 173 : Lanceau ; p. 174 : Excalibur ; p. 175 : Nicaise ; p. 176 : (h) et (m) Excalibur ; p. 177 : (h) et (m) Excalibur, (b) Zizola ; p. 178 : (h) et (b) Labat ; p. 179 : (h) et (b) Excalibur ; p. 180-181 : Labat ; p. 180 : (b) Excalibur ; p. 181 : Labat ; p. 182 : (h) et (b) Zizola ; p. 183 : (h) et (b) Zizola ; p. 184 : (h) Excalibur, (b) Labat ; p. 185 : (h) Zizola, (m) et (b) Excalibur ; p. 186 : Lili ; p. 187 : Labat/Lanceau ; p. 188-189 : Lili ; p. 188 : (h) Labat ; p. 189 : Fagot ; p. 191 : (hg) Lili, (hd) Varin ; p. 192 : (m) DR, (b) DR ; p. 193 : (h) DR ; p. 194 : (b) Seitre ; p. 195 : (b) Seitre ; p. 196 : (b) Varin ; p. 197 : Labat ; p. 198 : (hg) Excalibur, (hm) Lanceau, (hd) Labat, (mg) Français, (md) Labat, (mbg) Hermeline, (bg) Lanceau, (bd) Hermeline ; p. 199 : (hg) Labat, (hd) Excalibur, (mg) Lanceau, (mm) Excalibur, (md) Lanceau, (mbd) Lanceau, (bg) Excalibur, (bm) Lanceau/Labat, (bd) Français ; p. 200 : (hg) Lanceau, (hd) Lanceau, (b) Labat ; p. 201 : (hg) Lanceau, (hd) Hermeline, (bg) Excalibur, (bd) Labat/Lanceau ; p. 202 : (hg) Labat, (hd) Labat, (mg) Lanceau, (bg) Excalibur, (mbd) Français, (bd) Excalibur ; p. 203 : (hg) Lanceau, (hd) Lanceau, (md) Labat, (mbd) Français, (bg) Labat, (bd) Nicaise.

Cat's Collection

p. 41 : (hd), (mg) et (md).

Colibri

p. 30 F. et J.-L. Ziegler
p.49 (h) F. et J.-L. Ziegler
p.108 F. et J.-L. Ziegler
p. 190 : (h) J. Dubois ;
p. 194 : (h) J.-L. Paumard ;
p. 195 : (mg) F. et J.-L. Ziegler.

Éditions Dupuis

p. 40 : (hg) ; p. 41 : (bg) et (bd).

Explorer

p. 39 : (b) Mary Evans Picture Library.

Giraudon

p. 36 : (hd) ; p. 39 : (hd).

Jacana

p. 190 : (b) Alain Devez ; p. 191 : (b) Varin/Visage ; p. 192 : (h) Varin/Visage ; p. 193 : (m) et (b) Mc Hugh T./PHR ; p. 195 : (h) Gunter Ziesler, (md) Mc Hugh T./PHR ; p. 196 : (h) Mc Hugh T./PHR.

Milan

p. 44 : Dominique Chauvet ;
p. 58 : (hg) et (hd) Patrice Massacret ;
p. 82 : (b) ;
p. 112 : (b) Dominique Chauvet.

Office du tourisme de la ville de Ypres (Belgique) p. 37 : (mg).

Roger-Viollet

p. 30 : (hg) et (md) Harlingue-Viollet, (bd) Viollet/Collection ;
p. 35 : (m) Harlingue-Viollet ;
p. 40 : (m) Harlingue-Viollet ;
p. 37 : (md) Harlingue-Viollet ;
p. 38 : (hg) Harlingue-Viollet.